육아 비적성

살림 비적성 요리 비적성 엄마 비적성 여자의 육아 탐험기

육아비적성

초판 1쇄 인쇄 2020년 7월 10일
초판 1쇄 발행 2020년 7월 15일

지은이 한선유

발행인 백유미 조영석
발행처 (주)라온아시아
주소 서울특별시 서초구 효령로 34길 4, 프린스효령빌딩 5F

등록 2016년 7월 5일 제 2016-000141호
전화 070-7600-8230 **팩스** 070-4754-2473

값 13,800원
ISBN 979-11-90820-54-7 (03370)
※ 라온북은 (주)라온아시아의 퍼스널 브랜드입니다.

살림 비적성 요리 비적성 엄마 비적성

여자의 육아 탐험기

육아 비적성 CLUB

한선유 지음

프롤로그

인류는 진화한다.
육아 DNA가 아빠에게로 옮겨가고 있다

피가

피가 모자라.

육아 피가 모자라…….

초록색 지붕의 푸르지오에 살던 빨간 머리 앤은 대학생이 되어 엽기적인 그녀가 되었으며, 드디어 결혼하여 행복하게 아이를 낳았다. 그런데 아이를 낳자마자 쓰러졌다(육아 DNA가 모자랐던 것이다. 온몸 구석구석, 머릿속 어디에도 육아에 관한 DNA는 없었다. 긴급 수혈을 하려고 했으나 주변 여자 중에서 육아 DNA를 가진 여자가 없었음. 긴급 수혈 실패).

정신 차리고 보니 생각하지 못한 곳에 발령이 났다. 뭔가 분명히

착오가 있었던 것 같다.

(여가부 기준) 3인 가족이 되던 날,

그날 이후, 모든 것은 변했다.

여기는 육아주식회사.

사장님은 낙하산으로 외계에서 발령받은 사람이다. 머리숱은 없고, 팔다리는 한없이 짧고, 고도비만 '배까꿍'에 무슨 말을 하는지 통 모르겠지만 혼자서 할 줄 아는 게 하나도 없었다. 이 회사는 신생 회사이며, 전혀 경험하지 못한 분야인 것 같아 보였다. 도대체 업무 파악도 안 되고 일은 산더미처럼 밀렸다. 도저히 감당할 수 없는 상황에까지 이르렀다. 피가 모자란 건지 몸도 계속 힘들었다. 그렇게 석 달 후, 업무 평가 결과가 보고되었다.

업무 능력, 태도— 불량. 권고 퇴직 위험 경고등.

"저요? 저 불량 아닌데요? 그럴 리가요. 사람 잘못 보셨어요. 82년생 김지영 아니에요. 얼마 전까지만 해도 골드였는데요. 올드맘이라고요?

미안하지만 올드도 불량도 아니에요. 다만 적성에 안 맞는 것일 뿐이라고요.

뼈 빠지게 육아하다가 뼈만 빠지겠어요. 남는 건 엄마 세대처럼 텅 빈 통장과 골다공증뿐이겠죠. 워라밸족 몰라요? 저는 케(care)라벨족이에요. 정 그렇다면 할 수 없지요. 제 능력을 인정받을 수 있는 곳으로 가겠어요. 이곳에 있으면 미래가 안 보이네요. 근무 환경이나 복지가 형편없었다고요."

사장님은 능력은 없지만 정이 들었는지 애타게 울면서 붙잡았다. 그러나 나는 이미 이 회사에 내 불안한 미래를 걸지 않기로 했다. 그래도 나의 업무를 인수인계할 사람을 찾아보았다. 최소한의 인수인계는 해야 마음이 놓일 것 같았다.

친정엄마와 친언니, 시어머니 등을 모두 추천하고 설득하였으나 이미 이들에게 이 회사는 악명 높았고 구직 경험이 있었다. 3차 육아 시대의 주역에게 다시 맡기기엔 너무나 힘든 곳임을 알고, 나 아닌 또 다른 여자를 희생시켜야 한다는 것이 마음에 걸렸다.

결국, 지쳐버린 나는 당당하게 도망 나오듯 퇴사하였다.

'그래, 이 분야 전문가는 따로 있어. 나는 이 분야의 전공을 하지도 않았고 나랑 맞지 않을 뿐이야. 엄청나게 힘든 일을 떠안고 왜 자학하고 자책해야 하지? 우리는 잘나가는 골드였는데, 외계인 낙하산 사장님이 운영하는 익숙하지 못한 부서에 원하지 않게 발령받은 것일 뿐. 적성에 맞지도 않고 전공하지도 않은 일을 하려니 당연히 힘든 것뿐이야.'

다시는 뒤돌아보지 않으리라!

무거운 마음과 걱정과 죄책감과 모든 안 좋은 감정이 교차하며 문을 나서는 순간, 반대편 문으로 아무것도 모른 채 씩씩하게 들어서는 남자를 보았다(나는 씩 웃는다).

그 남자는 부푼 꿈을 안고 굉장한 포부를 가진 것처럼 보였다(소문에 의하면 스펙도 엄청나다. 고등학교 때부터 가정을 필수로 배우고 게다가 사장님 팬심으로 입사한다고 소문이 자자하다).

불안한 미래를 위해 쌓아왔던 나의 세계를 엄마라는 이름으로 내줄 수 없다. 육아의 세계는 아빠 육아로 지금 변하고 있다. 귀염뽀짝이지만 너무나 힘들게 하는 나의 사랑스러운 딸, 이 딸에 푹 빠져 사랑으로 키울 수 있는 사람은 바로 아빠다.

얼마나 빛나던 여자 사람이었는데. 남자들의 세계였던 각종 전문직부터 대기업 임원까지 남자만의 세계였던 그 힘든 곳까지 올라가 자리를 빼앗았는데, 메이저를 골드 미스들이 채우는 바람에 그 수많은 남자들은 지금 마이너로 내려가 있는데 이제 이들을 위해 인간을 키우는 위대한 육아의 세계 자리는 비워두어야 한다.

코로나 19, 그날 이후 모든 것은 더 변했다.

아이와 함께 집에서 하는 셀프 자가 격리는 정말 고난의 시간이다. 돌아서면 차려야 하는 삼시 세끼는 말 그대로 '나쁜 쉐끼'다. 이 세끼는 '내 쉐끼' 때문이다.

주변의 친구들이 집에서 탈출해 커피숍에 모이면 육아가(아이는) 내 적성이 아니라고 이구동성으로 말한다[나는 이 책을 통해 육B족(육비족 : 육아가 비적성인 사람들), 육A족(육아족 : 육아가 그리 어렵다고 느끼지 않는, 적성인 사람들) 두 종족으로 인간을 분류했다]. 그리고 남자들이 군대 이야기하듯 육아의 어려움에 대해 이야기한다. 육아뿐인가?

집에 있으면 밥은 엄마가 차려줘야 한다는 전통은 누가 만든 것인가? 나는 요리를 전공한 적도 고향에 살았던 적도 없다. 그래서 고향의 맛을 내지 못한다. 왜 집밥 하면 엄마를 떠올리는가? 그건 이제 전래동화다.

우리 육B족은 이제 커밍아웃한다. 엄마라는 이름을 붙여주지만 당신들이 생각하는 옛날 엄마라는 사람의 역할을 하기에는 너무 진화했다고!

이미 남자들은 4차 육아 시대의 주인공이다. 처음 요리로 요섹남의 가능성을 알리더니, 요즘은 활동 범위를 확장하여 살림남이라는 틈새시장으로도 영역을 넓혔다. 이미 공영방송에서도 인정하고 있다. KBS 2019 올해의 최고 프로그램 후보는 〈살림하는 남자〉와 〈슈퍼맨이 돌아왔다〉였으며 영예의 대상은 〈슈퍼맨이 돌아왔다〉의 아빠들이 차지했다.

4차 육아 시대는 아빠 육아의 시대다.

이미 DNA가 옮겨가고 있다(단 한 명일지라도……).

차 례

2장

출산과 동시에 비적성이 덮쳤다

3장
엄빠 육아, 빠(더)마(더) 육아, 원장 육아, 무엇을 선택하든 당신이 옳다

"도대체 닭을 몇 마리 잡아먹어야
우리 아기가 나오는 거야?"

"그 시절, 남편은 배달의 민족이었다."

1장

에— 에— 엣? 임신이라고요?

임신은 딱 병맛이네요 : 괴물이 되기 전에

하, 그날, 하, 그날, 나는 그날을 기억한다

퇴근 후 여느 때처럼 직장 친구들과 홍대 앞 새로 생긴 맛집에서 음식 맛을 품평하고, 골드 미스인 친구들한테는 결혼에 대해 마치 어른인양 이러쿵저러쿵 조언도 늘어놓으며, 직장 일에 대해 아주 사소하지만 나를 힘들게 하는 것들을 놓고 열띤 의견을 쏟아내면서 전문직 여성으로서의 시간을 아주 알차게 보냈다.

미국 드라마 〈섹스 앤 더 시티〉에서 섹스를 뺀 앤 더 시티의 삶을 사는 중이었다(주저 없이 난 캐리지). 물론 결혼 전이었더라면 당연히 그날을 넘겼겠지만 나름 유부녀였던 나는 마치 남편의 굉장한 사랑을 받는 여자처럼 당당히 중간에 나왔다. 남편은 나를 기다리고 있었다.

돌아오는 택시 안에서 남편의 어깨에 기대며 "결혼하니까 참 좋다"라는 행복감에 빠져 있었다. 이제 더 이상 소개팅을 안 해도 되고, 남자 친구가 언제 집으로 올지 몰라 밤 10시까지 무리하게 화장을 하고 있지 않아도 된다. 소개팅이 안 될 때마다 내 얼굴의 문제점이 무엇이고 내 성격의 무엇이 문제인지 자학하지 않아도 된다. 그리고 무리하게 내 월급에서 혼자 살게 될 노후를 위해 노년 연금을 저축하며 오피스텔 월세 계산을 안 해도 되는 이 상황이 너무나 편안했다. 나는 인생에서 큰 고민의 문을 다 통과한 듯한 느낌이었다.

그날 밤, 남편과의 놀이는 너무나 재미있었다.

사고는 아니었다. 충분히 마음으로 계획을 세웠었다. 준비까지 한 건 아니지만 나이가 적지도 않았고, 날짜 계산도 이제 능숙했었다. 충분히 그럴 수 있었다.

그런데 막상 테스트기의 두 줄을 보는 순간, 가슴이 뛰기 시작했다. 드라마에서 보던 그 장면에 내가 있었다. 그런데 분명 기쁜 가슴이 아니라 걱정, 불안과 비슷했던 것 같았다.

천천히 올라가는 롤러코스터 안에서 지금 이 느린 속도가 밑으로 뚝 떨어지기 직전의 정점임을 알고 극도로 온 신경이 곤두서는 그런 느낌이었다. 기쁨과 슬픔의 문제는 아니었다. 나는 당장 달력을 보았다. 그리고 빠르게 검색해 내 출산예정일을 계산해보았다.

내가 이렇게 수학을 잘했던가 할 정도로.

이렇게 날짜 계산을 한 이유는 직장 때문이었다. 내가 언제 출산하는지 출산 휴가의 날짜 스케줄이랑 직장에서 큰 행사가 있는 날이랑 겹치지는 않는지 우선 그것을 점검해야 했다. 지금 생각해보면 참 어리석고 내 아이에게 미안한 일이었다. 그렇게 나는 철이 없는, 그냥 평범한 직장인으로 살고 있었던 것이다. 이렇게 아직 나는 엄마보다 직장인에 좀 더 가까운 채로 덜컥 임신의 길로 들어서게 된 것이다.

사회적으로 처음 '어머니 당하던' 날

퇴근 후 남편과 함께 드디어 산부인과를 방문하던 날, 여기저기 배가 나온 산모들이 보인다. 아, 이곳이 이제 내가 다닐 곳이구나, 잠시 넋을 잃고 멍 때리던 순간.

"처음 방문이시네요. 어머님, 저 따라오시겠어요? 안내해드릴게요."

"저요??"

"네, 어머님. 검사받으러 오셨잖아요. 선생님 만나기 전에 몇 가지 검사랑 설문지를 작성해주셔야 합니다."

네? 나 어머니 아닌데, 어딜 봐서, 뭘로 보고 이 사람이…… 내가 봤을 땐 간호사 당신이 나보다 더 나이 들어 보이거든? 그냥 나는 아프지 않은 환자라고.

내가 임신했다는 사실보다 어머니라고 불리는 사실에 더 놀랐다.

아무튼 이런저런 비호감인 검사는 끝났고, 아기 수첩도 받았고 아기집이 있는 자궁 사진도 증거로 받았다. 빼도 박도 못하게. 아기 수첩은 진료비 대비 디자인이나 품질이 별로였다.

임신 후 나는 개판이 되었다

임신한 순간부터 올라탄 버스는 비포장도로를 지나 최고 각도의 에스자 코스를 달리는 버스를 탄 느낌이다. 멈춰지지 않는 극도의 멀미.

나름 아침형 인간으로 지각 한번 없이 직장 생활을 바지런히 했었는데 잠은 쏟아지고 몸은 무거워지니 세상만사가 다 귀찮아졌다. 시도 때도 없이 웩웩거리고 한없이 먹어댔다. 허겁지겁 먹어대니 음식은 줄줄 흘리고 그 흘린 음식은 튀어나온 배 위에 흔적으로 남았고 양치하다 욱욱거리고, 밥 먹다 욱욱거리고, 자다 말고 우유 먹고 다 토해내고, 미용실 약 냄새를 못 맡아 머리 손질 받은 지는 몇 개월째인가 모르겠고, 발밑을 본 지도 오래. 왜 그렇게 더운지 땀은

찐득찐득. 퉁퉁 부은 살찐 발에 맞는 신발이 없어 슬리퍼 안에 구겨 넣고.

그렇게 나는 '미친놈' 딱 일보 직전이 되어가고 있었다.

둥근 배가 떴습니다, 괴물 얼굴에

배가 불러올수록 가만히 있었던 세상의 물건들이 내 배를 건드리기 시작했다. 정확히 말하면 너무 많이 튀어나간 배로 인해 모든 물건이 건드려졌다. 배는 마치 뭔가를 발사하기라도 할 것처럼 공격적으로 눈에 띄게 나오기 시작했고 튀어나온 배가 익숙하지 못한 나는 핸들링을 잘 못해서 여기저기 부딪치고 다쳤다. 사람들은 내 배를 보고 "생각보다 배가 많이 나왔네. 혹시 쌍둥이인가? 내밀고 다니는 건가?" 궁금해했다. 아, 열 받는다. 조금만 숙이면 앞으로 구를 것 같다고요. 무게중심 잡고 있는 거 안 보여?

말 걸지 마, 묻지 마, 보지 마, 배로 발사하기 전에.

그래, 몸매야 애를 위해 포기했다고 치자. 그런데 얼굴은 왜 이런 거지? 호르몬이 내 몸에서 난리 블루스를 치는 건지. 생전 안 나던 신안 앞바다 굵은 소금보다 더 굵은 여드름이 얼굴을 뒤덮었다. 불러온 배 때문에 이러지도 저러지도 못하는 자세로 밤새 뒤척이니 다크서클은 퀭하니 내려오고, 기미는 올라오고, 정말 이러다가 괴물이

될 것 같았다. 내가 애를 사람인 상태에서 낳아야지 사람이 나올 것 아닌가? 괴물이 괴물을 낳으면 어쩌나? 의사 선생님의 도움이 필요했다. 그냥 의사는 안 될 것 같아서 국내 최고의 임신 전문가 의사를 찾아갔다. 마치 미하엘 엔데(Michael Ende)의 책《마법의 설탕 두 조각》에 나오는 주인공 렝켄이 빗물 거리의 요정을 찾아간 것처럼.

검진 들어간 순간, 나는 다짜고짜 따졌다.

“제가 뭘 잘못했죠? 뭐가 문젠 거죠? 왜 이런 거죠? 멈출 수 없어요? 선생님, 초음파 좀 그만 보고 제 얼굴 좀 보세요. 우욱! 제 얼굴이 괴물이 되어가잖아요. 록(Rock) 하는 남자 괴물. 여자가 외모를 포기하는 순간 어떻게 되는 줄 아세요? 욱! 제 모습을 볼 때마다 미쳐버릴 것 같다고요. 웩!"

"지금 임신 중 해줄 수 있는 의학적 처방은 없고, 출산 후 관리를 받으시면 될 것 같은데요. 여드름은 아무래도 호르몬 불균형으로 인한 것 같고 보통 산모의 피부 상태에 따라서 임신 중 더 좋아지는 분도 계시고 여기 계신 산모님처럼 여드름이나 기타 트러블이 나는 분도 있어요. 아, 배 튼 거는 좀 없애기 힘들 것 같아요."

역시 빗물 거리의 요정도, 마법의 설탕 두 조각도 없었다.

주변의 임산부들을 보면 입덧도 많이 안 하고 살도 많이 안 찌고 피부도 뽀얗게 올라오고 배도 조금밖에 안 나와서 얼핏 보면 잘 모르겠고 너무나 예쁘던데. 임신하면 그래서 배 내놓고 당당하게 모델처럼 프로필 사진도 찍어놓던데……(아기의 건강이나 임산부에게 찾아올 미래 따위는 생각하고 싶지 않은, 걱정이라고는 오로지 변해가는 최악의 외모에만 쏠려 있는 철없는 임신 초보러였다)! 나의 임신은 그야말로 한없이 불쾌하고, 힘들고, 배고프고, 도대체 뭐가 뭔지 모르겠는 최악의 병맛이었다.

인스턴트, 아기가 먹고 싶다고 했다 : 1일 1닭, 19마리째 잡아먹던 날

"도대체 닭을 몇 마리 잡아먹어야 아기가 나오는 거야?"

닭다리를 뜯으며 사이다를 시원하게 빨대로 쭉 들이켜다가 남편의 질문에 사레가 걸렸다.

퀙!

"무슨 소리가 하고 싶은 거야? 남편. 잘못 얘기하면 알지? 왜? 돈이 아까운 거야, 닭이 불쌍한 거야?"

"알고 있는지 모르겠는데, 임신하고 매일 닭을 한 마리씩 잡아먹고 있어. 신기하기도 하고 무섭기도 한 것 같고. 정말 그 배 속에 우리 그림(태명)이 있는 거 맞지? 공주님이라고 했는데 참 많이 먹네.

너 닮아서 조금 먹는 아이일 줄 알았는데. 그리고 튀김 많이 먹으면 아토피 생긴다고. 뭐 대충 별로 안 좋지 않나?"

그렇다. 임신하고 나서 치킨을 프랜차이즈 브랜드별로 돌아가면서 단 하루도 빠지지 않고 매일 한 마리씩 잡아먹고 있었다.

이쯤에서 눈치를 챘겠지만, 나는 완벽한 걸뱅이 스타일 입덧러였다(상상한 그대로다. KBS 프로그램 〈사장님 귀는 당나귀 귀〉의 양 사장처럼, 혹은 먹방 유튜버처럼 먹어대고 있었다).

닭 한 마리를 홀라당 잡아먹자마자 나는 말했다.

"남편, 예전 겨울에 같이 갔던 돼지갈비 집 기억나지? 아니아니, 돼지갈비 말고 그 돼지갈비 집에서 후식으로 먹었던 잔치국수. 그 후식 잔치국수가 먹고 싶어. 단일 메뉴 잔치국수는 안 돼. 빨리빨리 포장해 와. 국수는 붇지 않게. 육수 따로. 조금이라도 다르면 나 토하는 거 알지? 욱— 욱—."

그 시절, 남편은 배달의 민족이었다.

네 타입 '입덧러'

임신하면 네 종류의 입덧러로 나뉜다(내 멋대로 기준임. 죄송).

첫째, 다이어터. 식음을 전폐하고 냄새도 못 맡고 아무것도 못 먹어 링거까지 맞아야 하는 스타일. 주변에서 안쓰러워해줘 배려받는다.

둘째, 걸뱅이. 비위는 약하고 욱욱거리지만, 울렁거리는 속에 먹을 것을 채워 넣어야 사는 스타일. 입덧하는데 많이 먹는다고 구박받는 겹설움의 단점이 있을 수 있다.

셋째, 혼합형. 초기에 못 먹다가 막판에 많이 먹는 혼합 스타일. 입덧의 정석이랄 수 있다.

넷째, 그저 임산부. 평상시와 비슷하고 입덧도 별로 안 하는 식성의 임산부 스타일.

임산부들은 알 것이다. 남자들이 군대 갔다 와서 맨날 똑같은 축구했던 이야기만큼 우리 임산부들은 시간이 지나도 입덧할 때의 에피소드들을 이야기하고 또 이야기한다는 것을. 군대 축구 이야기랑 입덧 에피소드의 공통점은 또 이렇다.

첫째, 어느 누구도 안물안궁(안 물어봤고 안 궁금해함).

둘째, 자기 이야기만 레전드다. 들어보면 다 거기서 거기임.

셋째, 그렇게 열 내며 이야기하지만 절대 돌아가고 싶어 하지 않음.

남편이 고생이지 뭐

입덧에 관해서는 좀 더 진지한 이야기도 있다.

임신부 입덧의 빈도를 조사해보니 국내외 할 것 없이 80% 이상의 임신부가 입덧을 하는 것으로 나타났다. 거의 대부분 한다고 봐도 될 수치다. 가볍게 지나가는 임신부의 비율은 30%이고, 하루 종일 토하고 거의 못 먹어 힘들어하는 정도의 임신부는 5% 정도 된다. 아주아주, 매우매우 심한 경우에는 너무 못 먹어 태아한테도 안 좋은 영향을 끼치는 경우가 있다고 하니 신경 써야 할 것 같다. 입덧이 너무 심해서 살이 2킬로그램 이상 빠지는 등 심한 경우에는 전문가의 도움을 받아야 한다는 사실을 잊지 말자.

내가 다니는 산부인과 의사 선생님께서는 사실 임신 초기에는 우유 반 잔 이상만 먹으면 태아 영양 공급에 큰 문제가 없다고 안심시켜주었는데, 요즘에는 디클렉틴 같은 약도 있다고 하니 입덧에 대해 너무 불안해하거나 걱정하지 않았으면 한다.

그래도 우리가 약에 의지할 만큼 미약한 임신러들이 아니지 않은가? 임신하기 전에는 내비게이션도 잘 못 찾는 곳까지 그렇게 열성적으로 찾아다니며 몇 시간씩 줄을 서고, 결론이 늘 '맛있긴 한데, 굳이 찾아올 만큼 맛있지는 않네' 하고 나더라도 어김없이 또 다른 맛집을 찾아 출발하지 않았던가.

만삭이 될수록 몸이 무거워 맛집은 못 가게 되지만, 백종원의 레시피가 내 남편에게 있다는 것을 잊지 말자.

이러나저러나 죄 남편이 고생이지 뭐…….

남편도 임신 기간입니다 : 이 좌식이 지 자식을 잘 볼 수 있게

남편사용법 : 오리엔테이션은 정신무장

임신이 시작됨과 동시에 남편은 아내의 말에 방청객이 되어야 한다. 무엇을 하든 어떤 말을 하든 과하게 리액션으로 받아주어야 한다. 다만 주의할 점은 솔직하게 리액션을 하면 안 된다는 점이다. 반드시 모든 말에 진심을 담은 듯 가장한 좋은 말을 해야 한다. 마치 선거유세 기간의 정치인처럼.

아내가 보내는 문자 메시지에도 "응 알았어"와 같은 단답형은 안 된다. 항상 최고로 기쁜 것처럼, 모든 것을 다 들어줄 것처럼 장문의 문자 메시지를 보내거나 자주 전화로 답을 한다.

아내의 외적인 변화에 대해 놀라워하거나 걱정을 내비치지 말고, 행복한 미래만을 얘기하며, 도저히 힘들겠지만 눈앞에 전지현이 서 있는 것을 본 심정으로 마구 칭찬한다. 항상 좋은 거짓말을 마음속으로 준비한다. 선거철만 되면 당장 지하철이 들어오게 할 것처럼 말하는 정치인에 빙의하여 장밋빛 육아를 기대하게 하는 공약을 많이 생각해본다.

아내가 좋아하는 말을 하는 것도 중요하지만 싫어하는 말을 하지 않는 것은 더더욱 중요하다.

금지어 목록은 이렇다.

"이번 주말 시댁에 다녀올까?"

"나 오늘 회식 가도 돼? 나 운동 갔다 와도 돼? 스크린 골프 한판만 하고 와도 돼?"

"동창 모임 있는데……."

"그거 살 것 아니지? 그거 꼭 필요해? 또 반품할 거 아니지?"

"내 방에 들어가 쉴게."

"또 뭐가 먹고 싶은데?"

"그 음식점 오늘 안 열었을 텐데."

마지막으로, 딸바보를 숨기고 아내 바보인 것처럼 연기한다.

이미 남편은 배달의 민족이라고 밝혔다. 그런데 배달의 민족이 때로는 안 가는 곳도 있고 주말 저녁같이 요청이 폭주할 때는 먹고 싶은 타이밍을 놓칠 수 있으므로 로켓배송을 해야 한다. 임신 시기에 아내는 잘 먹어야 한다. 먹고 싶다는 때에 바로바로 음식들을 공급하는 것은 기본 중의 기본이다.

입덧을 대신 해줄 수 없는 만큼 몸으로 열심히 노력하는 모습을 보이거나 또는 배달을 제꺼덕 해치우는 것이 아내의 고통을 함께 나눌 수 있는 길이다. 구하기 힘든 음식을 애써 먼 우주까지 가서 사왔는데 아내는 봉투조차 못 열게 하는 경우도 있을 것이다. 그래도 이해하고 웃으며 넘어가주어야 한다. 아내의 배 속에서 건강하게 자랄 내 자식을 위하여.

또한 아내가 주로 먹는 음식들에 대해 영양소가 너무 편중되지는 않았는지, 안 좋은 음식은 없었는지 체크하면서 때로는 조심스럽게 옆에서 조절해주어야 한다. 이 모든 것을 기억해두어야 산부인과 방문하는 날 음식과 그에 따른 건강까지도 상담할 수 있다.

분명히 기억하길! 법적으로 도의적으로 당신은 아내의 첫 번째 보호자다.

남편은 행동 대장 : 임신이 더 맛나도록

내가 원하는 건 딱 한 가지인데…… 어려운가 보다.

"오늘은 그린이(태명)가 진짜 맛있는 거 먹고 싶대!"

"뭔데? 이 아빠가 다 해준다고 해. 말해봐. 장 보게. 사올까, 해줄까?"

"치킨은 지겹고, 냉면은 차갑고, 돈까스는 느끼하고, 떡볶이는 질기고, 김밥은 떡 지고…… 음……."

"웅, 네가 웬만한 메뉴는 다 먹었잖아. 우쭈쭈. 울 아기, 안 먹은 게 뭐가 있쯔까?"

다가올 고비를 아무것도 모른 채 남편은 그렇게 애교 섞인 말투로 받아주고 있었다.

"생각났어. 내가 생각하지 못한 메뉴인데 진짜 맛있는 거!! 짜글짜글 소리 내며 끓으면서 매콤하다가 단짠딴짠이 더해져 단짠맵 하다가 불맛도 나면서 치즐리함이 숨어 있어서 매콤함을 더 땅기게 만드는, 그 뭔가 부드럽고 바삭하면서 목 넘김이 쉬~ 원한. 뭐랄까 한마디로 세상에서 맛보지 못한 우주 최고 맛있는 맛을 가진 음식!!"

"헐~ 너무 어렵잖아. 그냥 네가 좋아하는 피 뚝뚝 떨어지는 스테이크 맛있게 구워줄게. 대신에 사이드에 놓을 샐러드 사면서 소스를 종류별로 다 사와볼게. 어때? 소스맛이 열 가지는 넘을걸. 다 섞어 넣어보자."

"소고기는 내가 상상할 수 있는 맛이잖아. 내가 상상할 수 있는 맛을 가진 애는 안 먹고 싶다고오— 웃.

내가 원하는 건 딱 하나야. 예상하지 못했는데 맛있는 거. 아직도 이해 안 가? 그리고 나 혼자 있기 싫으니까 장도 30분 내로 봐와야 해. 혼자 있으면 나 토하는 거 알지?"

남편은 점점 차오르는 짜증을 애써 억누르며 말한다.

"아, 나를 잡아먹어라. 왜 이렇게 어렵냐? 그러지 말고 우리 아기한테 좋은 거 먹이자. 인스턴트 그만 먹고. 내가 차려볼게. 의사 선생님도 음식 좀 조절하라고 하셨잖아. 갔다 올게. 먹고 싶은 거 생각나면 전화하고."

30분 후 동네에서 이름난 세 군데 반찬 가게를 들렀다는 남편이 헉헉거리며 들어왔다.

남편은 늙어 있었다.

남편 손에 든 봉지에는 각종 반찬이 15개 정도 있었다. 꼬막무침부터 장조림, 계란말이, 잡채까지.

"기다려, 그릇에 담아올게."

널찍한 8인용 식탁이었음에도 여러 종류의 반찬 접시로 식탁 위가 가득 찼다.

"내가 열 받아서 집에 안 들어오려다가 배 속의 아가 생각해서 사왔어. 오늘의 메뉴는 아빠가 차리는 자연별곡이야. 맛있게 먹자. 먹을 수 있는 거 골라 먹어. 당기는 거 없으면 비벼서라도 먹자."

"어, 근데 저 고사리가 엉켜 있는 게 너무 비호감이야. 사이사이에 마늘이 도드라지잖아? 그리고 나물 비린내가 진동하는 것 같은데. 욱──."

그날 나는 밥을 물에 말아 먹었다. 김치 한 조각 얹어서.

사실, 그날 이게 끝이 아니었다. 그리고 헛헛한 배를 채우러 밤 9시에 명동의 그 도드라진다던 마늘 냄새 가득한 김치 먹으러 차에 누운 채로 '명동 칼국수' 집에 갔다가 '명동 영양센터'에서 전기 구이 통닭을 추가로 먹었다는 레전드 아닌 레전드…….

퇴계 이황처럼

퇴계 이황의 업적은 대강 기억하고 있을 것이다. 위대한 주자성리학자로 평생을 학문과 수양만 한 큰 인물. 그런데 퇴계 이황의 놀라운 비밀.

퇴계 이황 선생이야말로 살림의 달인이었다!

퇴계는 권씨 부인이 지적장애를 갖고 있었기 때문에 살림을 거의 도맡아 할 수밖에 없었다. 그는 반찬거리 구입, 농사, 노비 관리, 재산 증식 등 바깥 살림을 거의 다 했다. 또한 아내에게 지적장애가 있었으므로 세간을 장만하거나 살림 도구를 교체하는 일 등 안살림까지 책임져야 했다.

물론 유교 사회라는 조선의 시대적 상황이 있었으니 본인이 직접 다 하지는 못했겠지만 그 옛날 보수적인 시대에 살림의 달인이었다는 사실이 새삼 놀랍다.

지금은 대부분의 부부들이 살림을 함께 나누어 한다. 우리 엄마 세대만 해도 살림은 아빠가 도와주는 정도였는데 확실히 요즘 젊은 사람들은 정말 살림을 현명하게 나누는 경우가 많아 보인다.

그런데 임신한 아내는 살림을 하기가 정말로 버겁다. 따라서 사소한 것부터 막중한(?) 것들까지 남편이 챙겨야 한다. 청소, 빨래, 설거지, 요리는 기본이고 휴지랑 세제도 떨어지지 않게 구비하는 등 세세한 것들을 챙겨야 한다. 그리고 아내가 쓰는 욕실 용품이라든지 화장품 같은 것도 호수별로 향별로 꼼꼼하게 챙겨서 다른 것으로 채우지 않도록 신경 써야 한다.

남편들도 너무 힘들 수 있으므로 도움을 받아도 좋다. 설거지와 빨래는 기계로 하고, 꼼꼼한 청소는 주말에 한 번만 해두면 매일 치우는 사소한 청소는 로봇청소기를 돌리면 그런 대로 유지할 수 있다. 요리는 반찬 가게를 이용하거나 입맛에 맞는 반찬 사이트를 활용하면 좋다. 기타 살림에 필요한 물건은 정기배송을 활용한다(부부끼리 아이디 하나를 공유해서 쓰면 식품 온라인 스토어에 로그인할 때마다 배송 목록에 있는 것을 정기배송으로 시킬 수 있어 편하다).

드디어 득도. 그러나 하산할 수 없음

묻지도 따지지도 않는다.

'무조건 내 탓이오'.

혜민 스님, 법정 스님, 목사님, 전도사님, 신부님, 우주님까지. 되는 대로 다 불러와 몸에 쑤셔 넣는다. 이해할 필요 없고 무조건 외워서 체화해야 한다. 여자는 임신 기간에 감정의 기복이 롤러코스터 정도가 아니라 자이언트 캐니언 스윙(세계에서 가장 무섭기로 소문난 놀이기구) 정도가 된다.

나같이 까칠한 임사부한테 모든 일은 남 탓이다.

이건 진짜 우주 최강이다. 억울하더라도 참아야 한다. 평상시처럼 눈치 없이 굴다가 결정적으로 한 대 맞을 수 있다.

우리의 소원은 호르몬의 평화다.

위 과정을 무한 반복하여 둘째는 꿈도 꾸지 못하게 세뇌한다.

태교 안 해도 괜찮아 :
디지털 네이티브 유전자를 위한 변명

내 아이가 태교 때부터 뒤처지다니!

집에 놀러온 갓 임신한(=불쌍한) 여자 후배가 나에게 와서 태교에 대한 고민을 한다. 직장에 다니니 임산부 요가도 각종 문센(문화센터)도 다닐 수 없어 걱정이란다. 직장에서 일에 치이고 사람에 치이다 보면 아름다운 마음보다 나쁜 감정들을 더 많이 가지고 생활하게 되는데 이 마음을 오롯이 배 속의 아가가 다 느끼게 되는 것이 걱정이라고 털어놓는다. 아이가 태교 때부터 뒤처지는 것 같다고. 소위 결혼을 잘하거나 '운 좋게 능력 없는' 친구들은 태교할 시간이 많아 여기저기 다니고 아이 장난감도 벌써 만들기 시작한다고. 인스타를 보면 벌써 불안하다고 한다. 조기교육은 -1세부터 시작해서 영어 유치원으로 마무리된다고. 그 이후는 이미 '조기'의 '조' 자도 못 붙이고 적기 교육이라고.

그러면서 자연스럽게 요즘 아이들에 대한 이야기가 이어진다. 신박하다. 요즘 아이들은 태어날 때부터 IT 매뉴얼이 머리에 동기화되어 태어나는 것 같다. 딸이 태어나던 해에 아이폰이 우리나라에 로그인했다. 얼리어댑터랑은 1도 상관없지만, 그 색상과 디자인은 루이비통 핸드백보다 훨씬 더 스타일을 살리는 액세서리로 보였다.

열심히 돈을 모았다. '고놈'을 사서 주머니에서 꺼내, 내 스타일도 신박하게 꺼내놓고 싶었다. 그런데 그 동기화가 나는 너무 낯설고 불편했다. 모든 용어들이 능숙하게 다가오지 않았다. 결국 아이패드는 나랑 '동기'되는 것에 실패했다. 난 좀 연식이 있다. 그런데 요즘 I들은 두뇌가 펜티엄 듀얼 코드인지 인공지능의 후예인지 부팅이 엄청 빠르다. 어느 순간부터 새로운 디지털 기계들을 집에 들이면 으레 자식이 나에게 가르쳐준다.

똑같이 언박싱하는데 이 종족은 뭐지?

모든 디지털 기계들의 매뉴얼이 머릿속 세포에 새겨져 있나?

이렇게 아이들이 디지털 네이티브가 된 건 다 인위적인 태교를 따로 안 하고 일과 디지털(핸드폰)에 집중한 내(=엄마들) 덕분이다. 솔직히 태교 하고 싶었지. 그런데 그게 TMI(Too Much Information)! 클래식 음악 태교, 미술 태교, 요가 태교, 명상 태교, 동화 읽는 태교, 뜨개질 태교까지 종류가 엄청 많은 반면 요즘 엄마들은 막달까지 대부분 워킹 맘이다.

게다가 임신 초기에는 어지럽고, 졸리고, 불안하고, 힘겹고, 더웠다 추웠다 뒤죽박죽이고, 싸르르 싸르르 아프고, 토할 것 같고, 신경질이 나고, 괴이하고, 알 수 없고, 끝이 없고, 호르몬이 상한가와 하한가를 왔다 갔다 오르내리며 치고, 싱숭생숭하고, 심지어 0.5초이긴 하지만 우주를 떠나고 싶다는 생각도 잠깐씩 왔다 간다. 스트레스 풀(full)이고 무기력해진다.

아무튼 그래서 태교를 할 마음의 자리가 없다.

태교가 별건가?

말마따나 태교가 별건가? 우리의 직장 생활 자체가 태교 동화다. 원래 수많은 전설적인 동화책을 아이에게 읽어주고 들려주고 해주어야 하는데, 하루 종일 보는 것은 매출 전표 혹은 회사의 제무제표, 보고서, 기획서 등이다.

태교의 정석. 동화책의 놀라운 효과는 이렇다.

(빌딩) 숲속의 비밀

아주 먼 옛날, 말(마을버스)을 타고 더그덕 더그덕 도착해 엘리베이터를 타면 환상의 모험 속으로 시간 이동을 한다. 만나게 되는 동화 속 마녀는 '나의 팀장님'이라는 이름으로 변신해서 저쪽 창가에서 나를 노려보고 있다. 이미 나는 콩쥐 포지션이다. 옆 부서에서 일하고 있던 나의 왕자님은 백마(직장인의 국민차 흰색 아반테)를 타고 성의 문 앞에(회사 정문 앞에) 기다리고 있을 것이다. 저 마녀로부터 탈출하기 위해 물을 길어오고(정수기에 물을 채우고), 장작을 패고(문서를 파쇄하고), 지혜와 용기를 내서 폭풍 워드를 치고, 제무제표의 암호를 풀어 기안하면 저 여자를 이겨내고 정시에 퇴근하는 해피엔딩 스토리 완성!

아, 배경음악 그리고 클래식 음악을 들려주어야 하는데…… 점심 후 들르는 스벅 매장에서 우리는 클래식 대신 재즈 음악을 실컷 듣는다.

식사 후 커피숍에 들러야 하는 이유는 아이의 청감을 살리기 위한 것이다.

그럼 임신 중기, 말기에는?

공룡 알을 안고 있잖아. 도서관에 공룡 알 가지고 책 읽는 사람 봤어? 공룡 알 때문에 의자랑 책상이랑 멀어요. 책이 저 멀리 희미하게 보이지, 배 너머로. 쥘 베른(Jules Verne)의 《80일간의 세계일주》에서나 만나는 저 먼 섬이다, 책은. 누워서 보라고? 공룡 알 안고서? 누우면 허리가 끊어져. 공룡 알 무게가 장난이 아니거든. 그리고 책의 모서리가 생각보다 뾰족해. 공룡 알을 찔러. 큰일 나, 그러다.

공룡 알 들고 요가 할 수 있어? 공룡 알 들고 붓을 들면 도화지까지 안 닿아요. 중기 이후에는 공룡이 안에서 꿈틀거려. 괜히 공룡이 아니야. 발길질하면 배 전체가 씰룩대기까지 한다고!

디지털 네이티브 DNA의 진화

원래의 부지런한 피지컬은 퇴화하고 디지털 네이티브의 DNA가 진화한다. 격동의 70년대에 태어났지만 피나는 노력으로 밀레니얼 세대의 특징을 가진 아주 매력적인 휴먼으로 진화했다. 조금 덜 철들고, 끌리는 대로 살다 보면 두 세대쯤은 훌쩍 넘을 수 있다.

멀티 테스킹

엄마는 원래 멀티였어. 출근길에 운전하며 오른손으로 돌리고, 왼손으로 벗기고(삼각김밥), 입으론 먹으면서 아이브로우 펜슬로 오늘의 눈썹을 그리던 여자야. 매운 거 먹으면 바로 단것이 당기고, 그러면서 다시 짠 거 찾는 당당한 멀티라고. 카톡하며 수다 떨고 동시에 오늘의 연예인 걱정도 하고 공동구매에도 마감 전에 잽싸게 참가한다고!

핸드폰 동기

중독이 아니라 유일한 친구야. 그 안에 5천만 예비 친구가 살고 있다고. 원할 때 원하는 만큼 만날 수 있지. 친구랑 나랑은 카톡으로 블루투스 관계야. 아무것도 모르지만 친한 느낌. 친하지만 알고 싶지 않은, 들키고 싶지 않은 이 느낌. 알려나 몰라.

아기방 안 꾸며도 괜찮아. 스튜디오 아니다 : 좌식이냐, 와식이냐, 입식이냐 그것이 문제로다

북유럽풍이 문제가 아니고……

나는 ADHD 증후군이 있는 아주 산만하고 정리가 안 되는 스타일의 인간형이다. 결혼 전 내 방은 그냥 딱 맥시멀리스트의 방이었다. 물건은 넘쳐나고 정리는 도저히 안 되는. 정리하고 나면 꼭 중요한 물건들을 잃어버려서 정리하는 게 무서웠다. 그래서 물건을 찾느라 며칠을 뒤지다가 결국 다시 물건이 흐트러지는 스타일이다.

결혼 후 우리 집에는 신혼 가구를 놓지 않았다. 냉장고, 세탁기, 수납장을 제외한 일체의 다른 가구들은 일부러 뺐다. 친구들이 놀러오면 이사를 이제 막 왔거나 이사를 갈 집으로 생각할 정도였다.

혹자는 우리에게 미니멀리스트로 사는 거냐고 물어보기도 하였다. 집은 넓고 가구는 최소화한 탓이다.

'그런데 왜 신혼 가구는 안 샀을까? 홈쇼핑도 좋아하고 세일도 좋아하는데…….'

신혼 가구랑 가전을 살 돈이 없었다. 일찌감치 결혼자금(여자 기준)을 모았지만 직장에 온 펀드매니저한테 차이나 펀드를 들면서 주식 투자를 시작했다. 세상에, 내 차 아반테를 소나타로 바꿀 수 있다는 말이 그럴싸하게 들렸다. 결혼할 때쯤 나는 차이나 펀드, 직접 투자한 주식 모두를 손절했다. 머리 꼭대기에 사서 발바닥에서 판 것이다(나의 투자 실패는 이때부터가 시작이었다).

그래서 신혼 초에 남편이 깜짝 놀라기도 했다.

"내가 연애할 때는 농담 삼아 숟가락 하나만 들고 와도 된다고 했지만, 정말 숟가락도 안 사왔어? 너 그동안 어떤 생활을 한 거야? 정말 몸만 오면 어떡하라는 거야? 너 정말 그리 안 봤는데……."

이럴 때일수록 밀리면 안 된다.

"참…… 남편 생각 없네. 그동안 나를 이렇게 키워준 부모님한테 감사합니다, 은혜를 갚고 와야지 안 그래? 생각하니 열 받네. 오빠, 요즘 남자들이 더 멋진 여자 사람을 만나기 위해서 결혼 전문 업체를 통해 여자 만나고 결혼하는 거 알아, 몰라? 난 한국 여자고 게다가 평생 월급을 벌 수 있는 직업까지 있어. 나한테 결혼해줘서 천만 번 감사해야지 지금 와서 숟가락을 왜 확인해? 그래, 나 돈 없이 왔다. 물어!! 반! 품! 해!"

내 덕에 우리 부부는 미니멀리스트라는 단어가 생겨나기도 전에 아주 세련된 미니멀 신혼을 시작할 수 있었다.

그런데 아이가 생기면 상황이 달라진다. 홈쇼핑에서 기저귀도 대용량으로 사야 하고, 아기 밥인 분유도 기본 열 통씩은 쟁여놔야 한다. 젖병부터 소독기까지. 그리고 집 안 환경은 내 몸을 최대한 편하게 할 수 있는 조리원의 역할도 해야 하고 육아도 수월하게 할 수

있는 효율적인 작업 공간이 되어야 한다. 북유럽풍으로 할지 클래식하게 꾸밀지, 아이가 좋아하는 애니메이션으로 꾸밀지는 아직은 중요하지 않다.

침대에 몸을 녹일 것인가, 바닥에 붙을 것인가?

와식 배치

신생아 초기 시절에는 아기방에 아기가 없다. 엄마가 산후조리 중이기 때문에 안방에, 엄마 옆에 있다. 나는 따뜻한 방바닥에 붙어서 몸을 지지는 조리를 했기 때문에 내 옆에 바구니를 놓고 그 안에 아이도 담았다. 바구니에 담긴 채로 아이는 편안하게 엄마 배 속에 있는 것처럼 약간 오므린 상태로 우유를 먹고 대부분의 시간도 거기에서 잤다. 아기 기저귀는 바닥에서 갈아주었다.

입식 배치

아기가 조금 커져서 안방 침대 옆에 아기 침대를 놓고 그 옆에 기저귀 가는 곳을 입식으로 높게 자리 잡아 마련했다. 그런데 기저귀를 갈아도 아기 침대에서 아기를 꺼내고 다시 기저귀를 갈고(떨어질까 봐 불안해하면서) 다시 침대로 아기를 놓는 일이 여간 번거롭지 않았다. 아기 침대의 난간이 나와 아기를 가로막았다. 아기 침대가 불편했다. 아기 침대를 다시 팔아버렸다.

좌식 배치

드디어 몸이 나아져 거실에 나와서 생활하기 시작했다. 주로 소파에서 쉬고 기저귀도 소파에서 갈고. 아기는 유모차에 태워서 우유 먹이고, 재우고. 유모차의 동선에 방해가 되는 테이블을 치우고 최대한 거실의 공간을 확보했다. 아이가 진동을 느끼면 잠을 잘 잔다고 해서 바운스도 놓아보고, 전동 흔들 침대도 사고 각종 놀이기구가 한 번에 해결되는 쏘서도 구입했다. 게다가 각종 육아용품까지. 이 모든 물건들을 방에 놓는다면 정작 엄마가 들어갈 공간이 안 생긴다. 숨이 막힌다.

그래서 거실에 다 배치하게 된다. 수도 없이 찍어대는 사진도 결국 햇살 좋은 거실이 제일 예쁘게 찍힌다. 아이가 아기방을 효율적으로 사용하려면 적어도 네 살이 되어야 한다. 하지만 나는 아기를 낳자마자 북유럽풍의 아기방을 항상 머리에 그리고 있었다. 그래서 아기방 아기 침대에 있는 아이랑 눈을 마주치고 대화를 하고 기저귀를 갈아주고 우유를 먹일 줄 알았다. 현실은?

내가 있는 곳이 아기방이 된다. 엄마는 거실과 부엌에서 주로 생활한다. 아기방에는 들어가지 않는다. 아기방을 제외한 나머지 공간이 아기방이 되었다.

늘 입어 이제는 피부가 되어버린 듯한 편한 원피스 우주복을 입고, 아이는 바구니 유모차에서 나를 보고 있다. 바구니 유모차에 앉아서 식탁에서 밥 먹는 나를 보며 똥을 싼다. 똥 싸는 나를 보며 우유를 마신다. 나는 아기를 돌보고 아기는 자기를 돌보는 나를 편하게 누워서 관람한다. 이자는 내가 내는데 이 집은 너의 집일까 나의 집일까?

에~ 하는 간단한 신호로 나의 애간장을 타게 했다가 웃게 했다가 나를 마음껏 조종한다. 보통이 아니다. 자식은 전생에 '웬쑤'였다는 말이 꼭 맞다.

아이가 이제 기기 시작하면서 활동량이 많아졌다. 나는 이제 거실에서는 수월하게 걸어 다닌다.

아이가 기니 나는 걷는구나.

아기가 활동량이 생길수록 나는 늙어가는데, 쉼이 더 필요한데, 본격적으로 눈을 떼기 어려워진다.

거실은 아이에게 신기한 지구 나라고, 끊임없이 주워 먹고 탐색한다. 따라서 청소도 더 늘었다. 아기 바구니에 태울 때까지만 해도 언제 나와서 돌아다닐래 했는데 자기 자리에 정착했으면 좋겠다.

각종 육아법 안 본 눈 삽니다 :
'아무 육아'를 추천합니다

잘하고 싶다고 생각하는 순간 못하게 되는 육아

나름 육아에 대해 1도 모를 때, 육아를 책으로 배웠다. 특히 유일하게 짬이 나던 산후조리 시기에 몸은 망신창이였지만 덕분에 누워서 육아에 관한 책들을 많이 읽었다. 그런데 내가 생각했던 것보다 훨씬 더 육아 책들은 다양하고 많았다.

프랑스식 육아, 공감 육아, 아빠표 육아, 놀이 육아, 반응 육아, 듣기 육아, 손주 육아, 감성 육아, 셀프 성장 육아, 감정 조절 육아 등…… 세상에.

다들 엄청난 전문가처럼 존경스럽고 위대해 보였다. 그들만 따라 하면 내가 고민했던 육아의 어려움이 술술 풀리는 마법이 이루어질 것처럼 보였다. 고등학교 시절 수학의 정석을 붙들고 그 어려웠던 수학을 해결해야 했던 것처럼 육아도 당연히 각종 육아서를 섭렵해서 공식을 배우면 그 공식에 대입해 해결할 수 있을 줄 알았다.

공부 지상주의인 대한민국에서 육아도 공부하면 정답이 나오는 줄 알았다.

엄마는 나에게 늘 공부를 열심히 해야 좋은 학교에 갈 수 있고, 좋은 학교를 나와야 좋은 직장을 얻을 수 있고, 좋은 직장을 나와야 좋은 남편을 만나 부자가 되어서 엄마처럼 안 살 수 있다고 말해왔다. 엄마에게 인생의 성공과 행복은 엄마처럼 살지 않는 것이었다.

이러한 엄마의 공부 종교는 놀이 종교라는 이단에 빠져 있던 나를 개종시키기에 설득력이 있었다. 목동 키즈 1세대인 나는 그렇게 공부 종교에 대한 절대적 믿음에 빠지게 되었다. 주변 친구들도 다 나와 같은 종교였기에 흔들림이 없었다.

그런데 육아는 공부를 한다고 잘하는 것은 아니다. 특히 선행학습의 효과는 알 수 없다. 이게 실전이랑 책이랑 많이 다르고 또 따라하기에는 너무나 힘들었고 모든 상황과 모든 것이 버겁기만 했다. 육아도 힘든데 그 육아법대로 하는 것은 더 힘드니 나는 불량인가 쓰레기인가 하는 자괴감에 빠지게 만들었다. 미분 적분까지 능숙하게 해내던 내가 이깟 육아서를 이해하지 못하고 적용하지 못한다는 것이 나를 더 힘들고 자신 없게 만들었다.

시간이 지나서야 알았다. 육아는 책을 통해서 어느 정도는 예측할 수 있지만 다양한 시행착오를 통해 반드시 실패를 해보아야만 배울 수 있는 분야라는 것을. 나는 시행착오가 하기 싫었다. 딱 바로 내가 원하는 것을 바로 해결해주는 모범 답안지 육아 책을 원했지만 그런 것은 세상에 존재하지 않았다.

저 다양한 육아법 때문에 얻은 것은 나는 불량 엄마인가 쓰레기인가 준비되지 못한 엄마인가 아이를 다룰 줄 모르는 한심한 엄마인가…… 다양한 불량 엄마의 선택지뿐.

괜히 했던, '나의 과거를 묻지마' 육아

그러나 이렇게 육아 필요없다고 큰소리치는 나에게도 '흑역사'는 '반드시' 있었다. 당시 나는 여러 육아법에 관한 책을 읽었지만 사실 가슴속 깊이 척수까지 와닿는 육아법은 없었다. '갬성'이 오리지널 한식이라 영국으로, 또는 프랑스나 스위스 아니면 독일 등의 유럽 대륙으로 건너가기에는 한계가 있었다.

그러던 중 역시 동양 '갬성' 최고. 웃는 모습이 인상적이었던 어떤 일본 할머니가 쓴 육아 책이었던 것 같은데, 지금은 구체적인 내용이 정확히 기억나지는 않지만 그 감성만큼은 꽤나 와닿았던 육아법이 있었다. 그렇다. 나에게는 육아법이 아니라 짠한 육아 비법이 간

절했다. 공부도 잘하고 심성도 튼튼한 아이라니. 음~ 이 할머니는 소박한 옷을 입고 나를 유혹했다. 내 눈에 그 할머니의 평범한 조끼 안쪽에는 마법의 육아 비법 재료(벼룩의 눈물, 개구리 다리, 각종 눈알)들이 감춰져 있는 듯 느껴졌다.

역시. 그런데 오바 해석력의 대가인 나는 선천적인 반사를 자발적인 반응으로 바꾸라는 뭔 말인지도 모르는 그 알 수 없는 조언에 하루 빨리 목을 가누게 하려다가 애 목 부러트릴 뻔했고 그러다 애가 숨을 못 쉴 수 있다고, 큰일 난다고 의사 선생님을 비롯한 각종 프로 육아러들의 온갖 타박을 바가지로 먹게 되었다(이때 나는 하도 주변에서 욕을 얻어먹어 놀라운 생명 연장을 이루게 된 것 같다).

또한 자연식품으로 공갈 젖꼭지를 대신하려던 나의 친유기농 자연드림적 육아 비법 응용력은 생각보다 강한 우리 아이의 예상치 못한 식탐에 오징어가 식도로 넘어가버리는 바람에 한밤중 응급실을 온통 오징어 엑스레이 사진으로 불 밝히기도 했다.

지금 생각해보면 모든 육아법은 잘못이 없다. 나의 무지와 과한 응용력, 쓸데없이 돋았던 미친 실행력이 문제였을 뿐. 이런 일련의 사건들이 오늘날 나를 확실한 '육아비적성'의 족장으로 만들어준 원동력이 된 것은 물론 말할 것도 없고.

육아 잘한다고 아이 잘 자라는 거 아니다

육아 전문가들의 자식이 다 훌륭한 위인이 될까? 보장 없다. 불량 엄마 밑에 훌륭한 아이가 나올 수 있고 더 잘 자랄 수 있다. 육아 시기가 끝나고 유아 시기부터, 또 세상에서 강요하는 엄마표로 해야 할 일이 너무나 많기 때문에 육아 선행은 잠시 미뤄두고 지금은 조금은 어눌하지만 하는 만큼만 하자. 앞으로 10년이 넘을 긴 세월의 양육 마라톤에서 처음에 좌절하면 끝까지 갈 기운이 나지 않을 것이다.

미리 일어날 일에 대해 준비해야 하는 조급하고 불안한 마음은 아이가 태어나는 순간 생기지만 당신이 학창 시절 선행학습의 부작용을 겪었던 만큼 육아에서만큼은 선행학습하지 않았으면 좋겠다.

지금 당장 육아법을 검색하거나 육아 비법을 찾아 읽고 있는 눈을 돌려 아이의 눈과 마주치자. '초록색 지식인'은 나에게 절대로 답을 줄 수도, 내 아이가 보내는 신호도 가르쳐줄 수 없다. 육아 지식이 아닌 창의력을 발휘해보자. 육아가 훨씬 신선해지고 재미있는 추억도 많아질 것이다. 나만의 '아무 육아'를 해보자. 해결은 보너스다.

명품 유모차, 명품 육아용품 : 4차 육아 시대에 필요한 상상 육아

유모차의 생명은 간지라고, 뽀다구, 뽀대!

제일 먼저 남편이 산 육아용품은 젖병이다. 부속품도 많아 제일 귀찮은 젖병을 골랐다. 무슨 배앓이를 안 한다나, 의사가 개발한 거라나. 설거지를 제때 하지 못하는 나를 위해 남편은 젖병을 열다섯 개 사왔다. 자기 자식 젖병 없어 굶을까 봐 그런 건가. 내가 식기세척기로 돌리라는데도 굳이 일일이 손으로 닦고 삶고 마지막 다시 한 번 젖병소독기로 소독할 것이라고 했다. 바이러스에 알레르기가 있나 보다.

세상 딥한 피부는 샤워를 매일 두 번씩 해도 샤워할 때 된 것처럼 보였는데 엄청 깔끔을 떤다. 남편은 홍얼거리며 이것저것의 성능을 비교하며 육아용품을 준비한다. 엑셀에다 목록을 적고 박람회도 가자 하고 가격 비교도 한다.

유모차 하나를 고르는 데도 핸들링이 어쩌고 바퀴가 어쩌고 무게는 경량이니 중량이니, 몇 단으로 접히냐는 둥……. 누워서 지켜보던 나는 벌떡 일어났다.

"그런 게 뭐가 중요해? 유모차의 생명은 간지라고. 뽀다구. 뽀대! 그것도 몰라? 핸들링이야 당신이 운전면허 있으니 알아서 잘할 거고. 바퀴는 네모나지만 않으면 굴러가는 거 아냐? 우리 패밀리카 사는 거 아니야. 제발 마력이니 몇 기통이니 그런 거 하나도 안 중요해. 그냥 내가 원하는 그레이에 꼬냑 시트! 그게 최고지. 캬— 역시 스마트 커스터머야. 제일 중요한 거는 디자인, 브랜드와 색상 그리고 엄마를 얼마나 돋보이게 하느냐를 좌우하는 리미티드 한정판이냐 아니냐지. 기다려봐. 나는 따끈따끈 지구 반대편에서 한정판으로 나온 유모차를 공수해야겠어. 그래야 우리 아이가 놀이터에 있는 평범한 유모차 속 아기들 가운데서 빛나는 한정판이 되는 거 아니겠어? 미국에 있는 언니한테 전화해봐야겠어."

곧장 미국 사는 큰언니한테 오래간만에 전화를 걸었다.

늘 큰 프로젝트 연구로 애 따위는 신경 쓸 여력이 없는 언니는 전형적인 육B족인데, 본인은 육A족인 줄 안다.

"바쁜데 웬일로 전화했어? 아기 잘 자라고 있지? 그냥 맘 편하게 너 하던 대로 하면 애는 잘 나온다. 알지? 그리고 웬만하면 휴직하지 말고 복직해. 여자는 일해야 돼. 너 같은 직장이 어딨냐? 알지? 아 참, 왜 전화했어?"

언니의 설교 아닌 설교 끝에 드디어 질문 공세.

"내가 사야 할 것들이 있어서 말이야. 언니가 미국에서 좀 구해줘야겠어."

"뭔데?"

"마돈나 한정판 ○○○유모차. 아직 한국에 안 들어왔으니 언니가 거기서 좀 구해다주라. 그리고 ○○○표 겉싸개, ○○○○우주복 신생아 세트, 명품 기저귀 가방…… 다음 달 한국 들어올 때 사다줘! 그냥 사주면 더 좋고."

"내가 한국 가서 내 바구니형 유모차랑 외출용 유모차, 카시트 다 줄 테니까 사지 마. 그리고 여기 미국 사람들은 그런 거 안 사. 여기 애 낳으면 거의 모든 사람들이 쓰는 평범한 게 있는데 그게 짱이더라. 딴 거 다 필요 없어. 나 쇼핑하려면 다운타운까지 한 시간 넘게 가야 돼. 제발 쓸데없는 거 좀 알아보지 말고 잠이나 더 자. 멋진 육아 용품만 사면 뭐하니? 어차피 육아는 멋지지 않아. 기능성이 최고야. 경험해보면 알아. 나 바빠. 끊는다."

뚜— 뚜—.

"괜히 전화했어. 역시 미국에 살아도 좀 오래된 사람은 나처럼 싱싱한 사람이랑은 대화가 안 돼. 오빠, 오늘은 다 귀찮다. 기분 전환할 겸 영화나 볼까?"

"그럼 우리 딸 위해서 사운드 오브 뮤직 볼까?"

"아니, 나 오늘 아이스크림 열 개 먹으면서 아이언맨 보고 싶은데. 같이 보자. 맨—. 오늘 철커덩 철커덩 기계 소리 듣고 싶대, 아가가. 백색소음이야. 아, 스트레스 쌓여. 육아의 길은 장비 구하는 것도 힘든 고난의 길이야. 남편—."

"If yor're nothing without this suit, then you shouldn't have it(이 슈트가 없어서 네가 아무것도 아니라면, 넌 이 슈트를 가질 자격이 없는 거야)."

그 순간, 나도 모르게 소리 질렀다.

"저거 봐봐. 내가 원하던 거야!! 바로 저 슈트. 아머(Armor)! 남편, 사실 유모차고 젖병이고 우리 같은 육아족들한테 제일 필요한 건 저 아이언맨의 슈트야. 너무 멋지다."

징—징— 철커덕— 철커덕.

"육아를 시작할 때 저런 슈트가 딱 나와서 나를 완전 무장해주는 거지. 오른쪽에서는 분유 발사. 왼손으로는 기저귀 갈기 척척. 그리고 무한 진동과 스윙으로 애를 재우는 거지. 너무 멋지다. 아이언맨 저런 건 왜 아직 못 사는 거지? 그래, 생각해보니까 이상하게 육아용

품이 발전이 더뎌. 세상이 얼마나 많이 변하고 발명품들이 많은데. 저 클래식한 수동 유모차 봐. 언덕에서 내려올 때 나도 따라가게 생겼잖아. 리모컨 기능도 없고 셀프 운전도 안 되고 접는 것도 연약한 우리 엄마들이 얼마나 낑낑거려야 되는데…… 그리고 젖병도 분유가루만 넣어두면 시간 돼서 자동으로 먹기 좋은 온도로 타주는 거야. 나같이 가루 줄줄 흘리지 않게 완벽한 몰 농도 기억나지? 트림도 정확히 90도로 세워서 시켜주고. 기저귀도 폭발 사고 없게 정확하게 허리에 탁 채워주고. 애가 울면 그동안의 아기 울음 일봉 차트를 집계해서 울음의 원인을 나한테 미리 알려주고 울음을 그치게 할

방법을 제시하는 것도 좋지. 울음 곡선을 분석해 아예 아기가 울기 전에 미리 경고하고 울음을 차단하는 방법도 나오면 좋겠네.

아이먼맨 슈트와 세트인 레드와 골드가 믹스된 유모차는 아이의 옹알이를 알아듣고 호출하면 자동 태우기 기능이 있어서 아이를 유모차가 알아서 앉히고 안전벨트 역시 자동. 그리고 엄마가 있는 곳으로 가장 최단 코스로 안전하게 데리고 오는 거지. 물론 그 사이에 그 유모차 안에는 멋진 클래식 음악이 흐르고 가장 쾌적한 조도를 유지하며 나쁜 실내 공기가 유입되지 않도록 자체 공기 정화 시스템이 자동으로 가동되는 거야.

저 흉측하게 생긴 어부바 띠 좀 봐봐. 아프리카 소수 민족 족장이나 쓰게 아주 전통 있게 생겼어. 구리구리하게. 아이먼맨 슈트에는 자동 어부바 띠 기능이 있지. 아이를 가장 완벽하고 안전하게 원하는 방식으로 안게 해주지. 심지어 아이의 무게를 못 느끼게 자체 무게 중심 분산 기능이 있어. 아기가 심하게 우량아라도 상관없어. 120킬로그램까지 견딜 수 있게 설계되었거든.

아기 식탁 의자는 자동 엘리베이터 기능이 있어서 아이가 앉으면 최대한 낮췄다가 알아서 식탁 높이까지 윙 하고 올라오지. 그리고 애가 먹는 이유식의 양을 측정하고 칼로리를 계산해서 다음에 먹어야 할 이유식을 알려주지. 그리고 단 한 숟가락의 이유식도 바닥에 떨어지지 않도록 식판은 언제든 360도 회전하지.

이 식탁 의자는 확장 현실(Extended Reality), 가상현실(Virtural Reality), 융합 현실(Merged Reality) 모두 가능해. 그래서 생선 요리를 먹을 때에는 동남아 맑은 바닷가 속으로 파도 소리와 함께 아이를 용궁으로 안내해주지. 완전 활어 느낌이야.

소고기 이유식을 먹을 때는 빈필하모닉 오케스트라가 나와서 아주 우아하고 멋진 클래식을 들려주지. 그리고 아이가 입맛 없어 하는 날에는 애들이 좋아하는 동요 〈밥은 맛있어〉를 들려주지. 집 나간 이유식 입맛 돌아오게."

웃음.

"아이언맨 슈트를 입고 놀이터에 가면 애가 그네를 5만 번 태워달라고 해도 걱정이 없어. 음. 왜 이런 건 개발이 안 될까…….

저 슈트만 개발되면 저출산은 저절로 해결될 텐데. 육아용품에 빠른 AI 접목이 필요해—."

"잠깐, 잠깐, 그런데 너, 저 옷 나한테 입힐 거지?"

"어? 어쩌지? 남성용만 나오네. 아이언 매— 앤——."

4천만 땡겨주세요 : 이대 아닌 이과 나온 엄마의 재테크

복부인 돼서 만나자!

아직도 있는지 모르겠지만, 고등학교 졸업할 때 앨범 뒷면에 졸업생의 한마디를 적는 공간이 있었다. 그럼 아주 진지한 문장을 적는 아이들부터 장난스러운 문장을 적는 졸업생까지 꽤 나름 앨범을 재미있게 읽었던 기억이 있다. 물론 각종 얼굴들이 펼쳐 보여주는 흑역사만큼의 '빅재미'는 아니지만. 당신도 잠깐 기억을 떠올려 보라.

그때 유행했던 졸업생의 한마디는 이렇다.

1위 : 마지막 인사형(보범생형)

입학한 지가 엊그제 같은데 벌써 졸업이구나. 3년 동안 고생했다. 엄청 아쉬울 거야.

친구들아, 우리 대학 가서 만나자.

2위 : 후배들을 위한 충고형(재수를 이미 마음먹음. 응원을 가장한 악담 포함)

후배들아, 가장 늦었다고 생각하는 때가 진짜 늦었다. 포기란 배추를 셀 때나 필요한 말이지만. 너희도 나처럼 되어라. 인생 잘 살아라.

3위 : 아무거나형(졸업도 귀찮고 문장 생각하기도 귀찮음. 의미 없음)

밥이 너무 부족함. ~~우우우우웅.~~

요즘은 거의 게임 용어들이나 신조어, 일본 만화책 같은, 어른들은 도저히 알 수 없는 문장으로 채워진다. 루루슈비 브리타니아, 메지로-코드기어스, 브라이드 화이트 드래곤-유희왕 등. 초등학교 6학년 졸업앨범부터 시작되는 게임 용어들은 도저히 이해할 수 없다.

나는 무엇을 적었을까?

"복부인 돼서 만나자!"

엥, 이게 뭥미? 난 고등학교 시절에 공부를 눈에 띄게 잘하지도, 그렇다고 매우 활기차서 지금으로 따지자면 '인싸'에 속하는 학생도 아니었다. 웃기려고 한 소리도 아니고 그 당시에 강남 사모님이 유행했던 것도 아닌데, 게다가 독하게 공부만 하는 것으로 소문난 전교 유일의 여학생 이과반이었다. 의대 아니면 공대가 꿈인 나는 무엇이 되고 싶었을까? 미래의 나에게 무엇을 말하고 싶었을까? 지금처럼 재테크 열풍의 시대가 아니었다.

내가 살던 집은 목동 아파트 끝에 붙은, 행정구역상 구로구에 있었다. 맞다. 당신이 생각하는 그 집값(지금은 전혀 아니다. 오해 마시길). 그래서 서울에 대해 잘 모르는 사람이 물으면 그냥 목동 옆에 산다고 은근슬쩍 말한다. 부동산에 대해 1도 모르던 학생 때부터 목동 학원가를 이용하던 나름 목동(옆)키즈 1세대인 나에게 목동은 지금의 강남처럼 인식되던 곳이다. 늘 그 목동 부심에 밀려 있던 주택 살던 그 여고생은 그렇게 막연히 부동산에 관심을 가지기 시작했던 것 같다. 애를 낳으면 애가 저절로 커서 유치원 다니고 학교 다니는 줄 알았던 것처럼, 당연히 마흔이 되면 월세 받으러 다니는 복부인이 되는 줄 알았나 보다. 현실은 월세 내는 여잔데.

쓰는 놈은 따로 있다

결혼 후 물려받은 것 없는 하위직 부부 공무원은 당연히 목동 아파트 살 돈이 없었다. 미래를 위해 우선 전세 살면서 개미처럼 돈을 열심히 모아 아파트를 사는 플랜을 짰다. 전세금은 전세자금 대출을 받았다. 이자 나가는 돈도 아껴야 한다는 생각에 20평 전세로 시작했다. 신혼 때에는 전혀 불편함이 없었다. 어차피 맞벌이라 밥은 거의 외식하고 주말에는 여행 다녔으니 집은 잠만 자는 곳이었다.

그런데 애가 태어나자 1+1+1이 아니었다.

평수가 적으니 아기 침대를 놓을 곳도 아기 세탁기를 추가로 놓을 자리도 마땅하지 않았다. 빨래 널 베란다가 꽉 차 거실까지 빨래 건조대를 놓으니 오래된 아파트의 거실은 반이 꽉 찼다.

기저귀 분유가 한가득, 애 장난감 선물들과 언니들이 물려준 책들로 박스가 한가득. 장난감보다 그 장난감을 늘어놓을 넓은 공간이 필요했다.

유달리 거실에 널린 아기 빨래가 불쌍하게 보이던 날, 거실은 발 디딜 틈 없이 육아용품으로 가득 차 있었고 현관 앞에는 뜯어보지도 못한 택배 상자가 참혹한 현실 육아러의 숨을 턱! 막히게 만드는 현장을 펼쳐놓았다.

애를 봐주러 집에 온 친정엄마가 말했다.

"난 너 그렇게 안 키웠다. 너가 지금 니 애를 그렇게 애지중지 키우는 것만큼 엄마도 너를 그렇게 키웠다고. 너희 기죽을까 봐 사달라는 것은 웬만한 건 다 사주고 새로 생긴 수영장은 안 가본 데 없이 키웠지. 그런데, 그렇게 살고 보니 다 부질없더라. 너도 알다시피 늬 아빠가 사업을 해서 곧잘 벌었잖니? 그런데 엄마한테 많이 갖다주던? 엄마는 아빠가 벌어다주는 돈 어떻게든 한 푼이라도 아끼며 너희 뒷바라지하고 안 쓰고 살았단다. 안 쓰고 살아야 미래에 비행기 타고 멋진 해외여행 다닐 거라 생각했지. 그렇게 궁상맞게 산 지금 엄마의 살림이 어떻지?

아빠 사업이 잘 안 되기 시작했지만 그래도 엄마는 큰 걱정은 안 했단다. 왜냐하면 엄마가 열심히 절약하며 산 만큼 그 인간도 당연히 긴급 자금을 모으고 있을 거라 생각했거든. 그런데 웬 날벼락이니? 너희한테도 너무 미안하고 지금 생각해도 뒷목 잡고 쓰러질 일이지. 그 많던 돈은 어쩜 그렇게 자기를 위해 다 쓰고 본인 명예욕에 허세욕에 집 한 채 금액 싹 날리고 결국 빚만 쌓여 강제로 회사 문 닫고 지금 살고 있는 집도 넘어갈 뻔했잖니. 애당초 그 인간을 믿고 경제권을 못 가지고 온 내가 잘못이지. 누굴 탓하겠니. 에휴~."

대화 속 아빠는 어느덧 세상 나쁜 그 인간이 되어 있었다.

나는 엄마가 '그러니 너도 큰 돈 욕심 부리지 말고, 남편한테 경제권을 가지고 와서 열심히 재테크하며 살아라'라는 훈훈하지만 지루한 말을 할 거라 생각했다.

그런데!

"엄마뿐만이 아니고 지금 와서 이렇게 주변을 돌아다녀보니, 부가 유지되는 것이 쉽지가 않더구나. 꼭 쓰는 놈이 따로 있더구나. 엄마처럼 사업한다고 남편이 다 갖다 쓰는 놈, 아니면 남편은 성실한데 와이프가 바람나거나 쇼핑 좋아해서 이래저래 다 갖다 쓰는 넌. 부부가 둘 다 성실하면 또 그 자식이 갖다 쓰더구나. 꼭 성실한 부모 밑에는 공부 못하는 자식이 있단다. 그래서 과외비로 연수비로 학원비로 계속 들어가지. 결국 먼 곳으로 가게 돼서 방세, 교통비, 생활비까지. 꼭 이런 애들이 어학연수 안 가면 취직 안 된다고 어학연수까지 챙겨 보내달라고 하지. 그럼 부모가 돼서 안 보낼 수 있니? 또 수천 날리는 거야. 자식까지 성실하게 아껴 사는 경우는 그 자식의 남편이 또 벤처사업 한다고 결국 가져가더구나. 사업 잘된다고 갚는 경우 못 봤단다. 원래 자식들은 부모한테 받은 돈은 계산에 안 넣고 부모한테 쓴 돈만 계산에 넣거든.

그러니까 잘 들으렴. 너는 그냥 니 선에서 쓰렴.

어차피 니가 안 쓰면 남편이 쓸 거야.

엄마가 보니 니 남편 테니스에 서예에 골프까지 자기 취미로 돈 깨나 쓸 것 같던데, 맞지? 아니면 딸, 아니면 사위라도 갖다 쓸 테니 엄마 믿고 니가 써. 보통 그래도 여자는 남자처럼 마냥 허튼 대로는 안 써. 기본적으로 가족을 위해 쓰지. 엄마 생각에는 니가 쓰는 게 가장 현명하고 행복할 것 같구나. 살다 보면 재테크할 기회가 분명히 온단다. 그럼 그때 하면 돼. 너는 지금 재테크할 때가 아니라 니 몸 회복하고 편하게 애를 키워야 할 시기란다. 30년 뒤에 부자로 살려고 가장 소중한 30년을 가난하게 사는 건 아닌 것 같구나. 그러니 당장 이 궁상맞은 세탁기 좀 버려. 내일 엄마가 백화점 가서 대용량 세탁기랑 아기용 세탁기 주문하마. 물론 엄마는 돈 없다."

몸과 마음이 가난해진 육아 맘에게 엄마의 말은 부자 아빠 가난한 아빠의 로버트 기요사키보다 더 와닿았다. 앗, 들켰다. 엄마는 내가 아이를 가지면서 그렇게 잘 쓰던 딸이 갑자기 절약하며 사는 모습이 가슴이 아팠던 것이다. 또다시 자신처럼 그런 삶을 살지 않기를 바랐던 것이다.

그날 엄마의 말은 29분 냉동실에 넣어둔 사이다였다.

당장 남편에게 전화해서 말했다.

"남편, 지금 사는 이 집은 너무 좁아. 이 좁은 공간에서 하루 종일 있으니 더 답답하고 우울해. 오래돼서 녹물도 나오고, 두당 10평 기억하지? 내 기준으로 인간에게 필요한 최소 공간. 우린 3인 가족이 되었으니 최소 30평대가 필요한 것 같아. 어차피 어리니까 학군 필요 없고 둘 다 자가 운전하니 주차 대수 여유로운 새 아파트. 적당히 직장에서 가까운 곳에 가장 넓은 아파트로 이사 가자."

그렇게 우리는 스케일을 키워 50평대 아파트로 전세를 구해 이사했다. 외곽이라 30평대랑 전세금 차이가 4천도 채 되지 않았다. 이자로 따지면 한 달 8만 원 차이였다. 넓은 곳으로 이사 가기 위해 서울에서 점점 멀어지기는 했지만 브랜드 아파트고, 비 안 맞고 지하 주차장으로 연결되는, 육아하기 편한 곳이었다. 이사를 마친 후

집에 들어선 순간, 햇살이 화사하게 비치던 그 넓은 거실에서 실내용 유모차에 딸을 태우고 세 바퀴쯤 도니 세상모르고 잠들어 있었다. 나는 속 시원하게 육아를 할 수 있을 것 같은 확신이 들었다.

육아 장소빨 기대 효과

넓은 평수 아파트에 사는 것은 분명히 아이를 키우는 데 좋았다. 그러나 이런 장소빨이 주는 효과의 유효기간은 딱 3년이었다. 넓은 평수가 준 혜택은 대강 여섯 가지로 추려졌다.

첫째, 좌식 육아에서 입식 육아가 가능했다. 텔레비전에서 보듯 아이를 안고 우아하게 기저귀를 갈아준다거나 어화둥둥~ 하며 거실을 돌아다니는 것이 매우 자연스러운 일이 되었다.

둘째, 안아서 재우는 것을 실내용 유모차로 대신할 수 있어 아기 수면 교육이 수월했다. 어르고 달래면서 등에 업어 재우지 않아도 실내 유모차에 태워 고즈넉이(?) 재우는 쾌감이 남달랐다.

셋째, 제대로 걷지도 못하는 아기는 아직 실외 놀이터가 쉽지 않다. 넓은 평수에 산다는 것은 실내에 아이가 놀 수 있는 미끄럼틀을 비롯해 놀이터를 설치해도 거실이 비좁지 않다는 이야기다.

넷째, 아이의 베이비 시절 사진을 매우 정갈하게 남길 수 있다.

집이 넓어서 지저분한 잡동사니가 사진 앵글에 잡히지 않고도 사진을 많이많이 찍을 수 있다.

다섯째, 쏘서로 시작해서 보행기로 아이는 집안을 마음대로 다니고, 청소는 로봇 청소기가 맡고 설거지는 빌트인 식기세척기가 하므로 남편도 살림에서 편해진다.

여섯째, 아이 정서에 좋다. 물건이 집 안 곳곳에 넘쳐나고 아이의 울음소리로부터 대피할 수 없는 좁은 집에서는 서로가 날카로워져 싸우기 쉽다. 넓은 집에서 각자의 공간에서 생활하면 마음도 너그러워진다. 각자가 끝에서 끝쪽 방에 있다가 오래간만에 만나면 반갑게 느껴지는 놀라운 마법!

최고의 재테크는 자(子)테크다? : 등기 쳐본 여자의 재테크

이 말은 방귀일까 진실일까?

이왕 재테크 이야기를 한 김에 조금 더 해보려 한다(좋아하는 분야고 관심 많음. 상처를 크게 받아 트라우마가 좀 있는, 등기 쳐본 여자).

내가 살아온 시대의 부의 대세 흐름은 "네, 서교동입니다(김수연 드라마 속 계단 있는 집 사모님)"→ 강남 사모님 → 청담동 며느리 → 아파트 100채 → 꼬마빌딩 건물주 → 갓물주 → 다이아몬드 유튜버, 저작권 부자 → 지금은 달러 부자(?) 정도다.

"최고의 재테크는 자(子)테크다"라고 말하던 대치동 사모님의 말은 아마 청담동 며느리와 건물주 사이쯤의 시기였던 것 같다. 물론 여전히 유효하기도 하고 아니기도 할 것이다. 이 말을 설명하자면, 흔히 아는 여러 가지 종류의 재테크인 부동산, 주식, 사업 중에 오랜 시간을 지나고 보니 수익률 면에서 최고는 자식을 잘 키우는 것이라는 뜻이다. 여기서의 수익률은 단순히 경제적 수익률만을 의미하지는 않을 것이다.

결혼하자마자 영혼까지 끌어모아 대치동에 집을 구해 신혼집을 차린 친구랑 한참을 이야기하며 동감 아닌 공감을 한 적이 있다.

강남을 기준으로 보면 북한쯤에나 사는 나는 "그런데 대치동에서도 공부 못해서 2년제나 이름 잘 모르는 대학 가지 않아? 그런데 무조건 왜 대치동이야? 스카이 간다는 보장도 없는데?"라고 물었다. 친구는 답했다.

"그 애가 강남 학원가에 안 왔으면 한국에서 대학을 못 갔을 수도 있어. 그나마 학군 좋은 곳에 와서 끌려다니듯 세뇌당해 그 정도라도 간 거지. 그게 대치동의 존재 이유지. 학원비, 과외비 아까워서 안 쓰면 원하지 않게 집에서 먼 곳으로 대학을 가게 돼. 취업도 힘든 전공으로. 그러면 기본 오피스텔 월세에 생활비, 학비, 교통비까지, 글쎄 돈 더 들지 않을까? 게다가 거기서 성실히 다니기만 하는 게 아니라 애 안고 며느리까지 데리고 오면 이거 집을 해줘야 돼, 들어와 살라 해야 돼? 며느리 애 낳고 졸업은 시켜야 하잖아. 하나 아끼려다 3세트 비용 드는 거야."

친구의 말에 나는 멍~ 해졌다. 이것은 우리나라 이야긴가 먼 세상 이야긴가? 친구는 아랑곳없이 말을 이어갔다.

"뭐, 이런 극단적인 경우가 아니더라도 막상 강남의 부자들 많잖아. 건물 있고 엄청나게 큰 사업 하고, 현금 부자, 건물 부자에서부터 저작권 부자까지 엄청 다양하게 있지. 그런데 내가 부자더라도 나만 부자고 행복하면 뭐해? 내 자식이 그저 그렇고 부자가 아닌데. 내 자식이 잘돼야 나의 부도 행복으로 생각되지. 나만 행복하게 백 년 살면서 백 년 동안 찌질한 자식 본다면 결코 만족스럽지 못한 거지. 의사를 해야 건물을 물려줘도 뽀대가 나지. 그냥 그렇다고. 어차피 우리가 금수저가 아닌데 이번 생에 부자 되기는 힘들지만 최소한 노후에 나를 돌봐주지는 못할망정 나한테 치킨집 차린다고 프랜차이즈 비용 달라고 하지 않는 것, 부모한테서 한없이 뜯어가지 않게 최소한의 자기 생활 능력을 갖추게 하는 게 내 재테크의 목적이야. 나이 들어 나 하나 건사하기에도 벅찬데 자식까지 기대면 너무 힘들 것 같아. 안 그래?"

이 말은 방귀일까 진실일까?

호모 헌드레드 시대, 시간은 많다

그렇게 공감하였지만 현실 능력 안 되는 나는 이렇게 북한이랑 가까이 사는데…… 강남에서 살려면 땅굴 파고 들어가 살아야 하는

데…… 지금 나는 어떤 재테크를 해야 나도 행복하고 아이도 행복할 수 있을까? 30년 뒤에 부자가 되기 위해 또다시 지금 30년을 가난하게 살아야 할까? 대치동은 돈으로는 못 가고 버스 타고밖에 못 가니 아이를 이용해서 부의 추월차선을 타볼까? 가능하지 않을까? 유튜버를 시킨다든지 연예인을 일찌감치 시킨다든지.

그러고 아이의 얼굴을 보니 아, 아니구나…… 안 되겠구나…… 본판 불변이구나.

아니면, 세계 최초 3개월 분유 먹던 아이가 라면 세 그릇 먹고 엄마는 30그릇 먹는 거 찍어서 유튜브 올릴까? 조회수 10만은 나오지 않을까? 아, 아동학대구나. 뭐라니. 이게 방귀구나…….

그래, 그래도 내가 낫지. 땅에만 붙어 있는 말도 못하는 너보다야 한국말이라도 잘하는 엄마가 좀 낫지 않을까? 지금 내 상황은 좀 심난하기는 한데 그래도 가능성은 내가 좀 있는 것 같아. 엄마가 책 좀 읽는 여자거든. 백만 권쯤 읽으면 방법이 나오지 않을까?

정 안 되면 새벽에 우유랑 신문이랑 같이 돌리고, 아 새벽배송도 있구나. 그리고 낮에는 가르치고, 밤에는 대리 뛰고, 주말에는 같이 봉투 붙일까? (웃음)

호모 헌드레드 시대, 시간은 많다.

그래, 그럼 엄마는 子테크 말고, 自테크 하련다!

그때까지 시간아 멈춰—라♬!

자연분만 = 제왕절개(Feat. 무통분만) : 임신부 마지막 날

쿨한 척하는 쫄보

나는 쫄보다. 드라큘라, 에일리언, 강시, 좀비, 요괴, 처녀귀신 공포물은 광고도 못 볼 만큼 너무 무섭다.

그런데 나는 지금 내가 애 낳는 것이 제일 무섭다.

잔인한 추리소설이나 영화도 한 번 보는 것이 어렵지 익숙해지면 덜해진다. 귀신의 집에 들어가도 알바생 나오는 동선을 파악하면 시시해지는 것처럼, 출산에 대해 싹 다 인터넷에 나와 있는 모든 사례를 읽어서 고통에 대해서 마스터하겠다고 마음먹었다. 다 알아버리면 두려움과 공포심이 무뎌질 것 같았다. 맘 카페에서 출산 후기 30개도 넘게 읽은 것 같다. 출산에 관한 이야기는 TMI. 더는 못 읽겠다. 토 나올 것 같다. 이제 이 분만실에서 로그아웃해야겠다. 이미 리얼한 글들로 마음이 30번 넘게 출산한 산모로 만신창이 된 느낌이다. 무뎌지지가 않네. 쫄지 않으리라. 당당하리라. 쿨하리라.라라라라…….

"선생님, 배 좀 보세요. 완전한 공룡 알이 되었어요. 그래도 아기가 빨리 안 나와서 다행이에요. 선생님 덕분이에요. 조명 꺼달라, 간호사들 나가달라 등 제가 좀 제정신이 아니었어요. 이제 마음이 편해졌어요. 그러니까, 이제 선생님은 솔직히 말씀해주셔야 돼요. 먼저, 제가 죽을 수도 있느냐의 문제, 드라마에서 꼭 착한 친엄마가 애 낳다가 죽잖아요? 얼마만큼 아픈지 아주 자세하게 설명해주셔야 해요."

"죽는 건 걱정하지 마세요. 멀쩡한 산모가 왜 죽어요? 산모님이 아기 낳을 때 당번 의료진이 스탠바이하고 있을 거예요. 어떠한 의학적 상황이 와도 저희는 최선을 다할 거예요. 너무 예민하게 걱정하지 마시고 푹 잘 자고 기다리면 예쁜 아기 볼 수 있습니다. 특별히 컨디션에 문제 없고, 원한다면 무통 주사 놔드릴 테니 걱정하지 마시고요. 고통에 대해서는 잘 아시잖아요. 전 남자 의사라서 의학적 수치로서의 고통에 대해서만 설명할 수 있어요. 더 자세한 설명은 간호사가 해줄 겁니다. 출산 날 봅시다."

딜리버리? 너도 배달의 민족? 조금 우아하게 배송으로.

아, 맞다. 그날 내 배 속에서 아빠 배 위로 배달되는 날이구나. 역시 미국도 배달의 민족이었어.

딜리버리 메뉴판은 자연분만과 제왕절개

세트메뉴 1 The Normal Delivery(자연분만)

각종 검사 + 제모의 기분 나쁨 + 관장의 불편함 + 역대급 통증(천지개벽의 하체 통증) + 무통분만 + 회음절개 + 탯줄 = 10,000gtvel[gtvel : 고통(gt)의 레벨을 나타내는 단위로 내가 만들었다]

세트메뉴 2 Cesarean Delivery(제왕절개)

각종 검사 + 제모의 기분 나쁨 + 관장의 불편함 + 마취 + 복부 절개, 자궁 절개 + 탯줄 + 무통 + 역대급 통증= 9,999gtvel

고통 총량의 법칙은 세트 1과 세트 2가 거기서 거기

생리통이나 마취 크림 없이 보톡스 맞는 고통(느낌)의 정도가 1gtvel

10gtvel = 절개식 쌍수할 때 고통(느낌)의 정도

50gtvel = 사랑니 생으로 뽑을 때 고통(느낌)의 정도

1,000gtvel = 양악 수술할 때 고통(느낌)의 정도

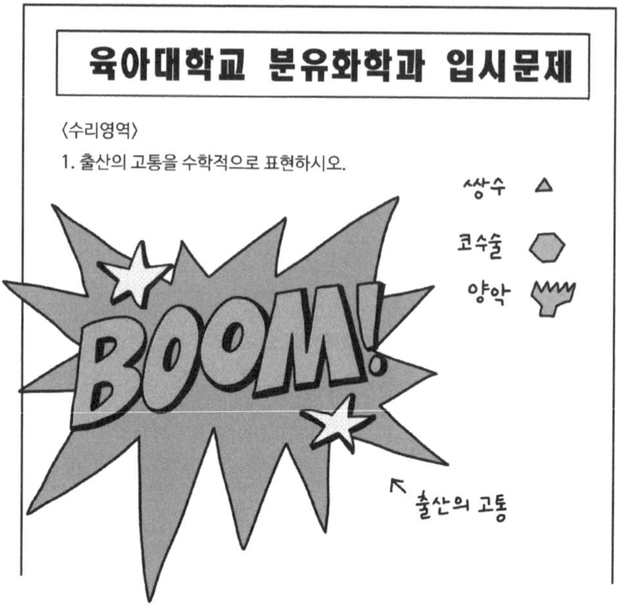

저기요, 존경하는 의사님, 간호사님, 우주님!

각종 검사 + 무통 + 잠 + 즐거움 = 0gtvel. 이런 해피 메뉴는 없는 건가요? 분명히 런치 메뉴 어딘가에 있을 거예요. 이렇게 발달된 현대의학에 이깟 출산 하나를 아프지 않게 하지 못한다는 건 믿을 수 없어요. 잘 보세요!!!! 나 애 낳을 때까지 꼭 식약처인지 의협인지 허가받아 놓으셔야 해요. 제가 노벨상에 친구 추천해드릴게요.

식약처 허가가 늦어지나 보다. 해피 메뉴는 출시되지 않았다.

드디어 배송날이다. 그리고 도착날이다.

어머 관장. 님, 이건 쌍방과실이야

어떻게 부부 사이에 방귀를 틀 수 있냐고 생난리를 치며 유난 떨던 그 까칠한 아가씨는 제모한 후 조용해졌다. 이 기분 나쁜 느낌은 뭐지? 배송되는데 숲이 문제가 되나요? 얘도 머리카락이 있을 텐데 내 머털 님은…… 생략.

관장약을 넣고 10분을 참고 한꺼번에 버리라고 시킨다. 애 낳는 연습을 똥 낳는 연습으로 시키는 건가?

아무튼 한 번에 참고 한꺼번에 싹 다 비워야 나중에 감염 방지부터 온갖 불상사가 안 일어난단다. 아, 이럴 줄 알았으면 조금 먹는 건데. 도저히 10분까지 참을 수가 없다. 아무것도 모르고 먹은 어제의 그 꽃등심 3인분이 난리다.

결국 우루룽 쾅쾅. 돌아서면 또 나오고 누울 만하면 또. 참았어야 했는데.

난생처음 아이를 만나러 가야 하는 이 숭고한 순간. 만난 관장, 님은 너무 민망하고…….

바로 소리 지르며 애 낳는 줄 알았지만 나름 순서가…….

그래도 아직 이쯤이야.

드디어 시작된 진통으로 나는 역대급 고통의 터널을 지나고 있었다. 이건 검색하고 글로 보고 상상하던 그 이상의 아주 몹쓸 역대급이다. 그놈의 3센티까지 견딜 수가 없다.

글로 도저히 표현할 수가 없다. 무통 주사를 개발했으면 처음부터 쓸 수 있게 해놔야지. 왜 조건을 다냐고.

나는 계속 무통을 외쳤다. 다 나가라고 소리 지르다가 결국 무통 주사 팀이 진압하러 들어왔고, 나는 진압팀을 보자마자 쥐도새도 모르게 그만 졸도한 것 같다.

"산모님! 산모님! 주무시면 안 돼요. 정신 차리고 힘 주셔야 아이가 나올 수 있어요. 제대로 못하면 주사 계속 들어가고 아이는 안에서 더 힘들어져서 또 다른 의학적 처치를 해야 하는 상황이 올 수 있어요. 자, 도와드릴게요. 후— 후—".

"(몽롱한 상태로) 네……."

"다리에 느낌은 있어요. 제가 제 다리에게 힘을 준다고 생각까지는 하는데 그 생각이 다리로 가고 있는지는 모르겠어요. 그리고 애는 안 나오고 자꾸 똥이 나오는 느낌만 들어요…… 어떡하죠?"

그 와중에 똥 타령이다.

"걱정하지 마세요. 저희가 알아서 하니까. 자, 다시 저 따라 하세요. 제가 올라가서 누르면서 도와드릴게요. 할 수 있어요 자, 힘 있게 후!"

그렇게 여섯 시간 만에 아이는 안전하게 아빠에게 배송되었다. 아이의 울음소리가 너무 리얼하고 크다.

얘야, 쌍방과실이야.

이러지 마. 내 문이 좁았지만 네 머리가 큰 것도 사실이야. 네 머리도, 내 좁은 문도 문제였다고. 우리 같이 힘들었잖아. 저 남자 관람객 빼고.

아가야, 암튼 수고했다.

한참을 자고 나니 옆에 아이가 와 있다. 모자 동실이다. 내 아이라고 간호사 언니가 나에게 얹어주며 모유 수유 담당이라고 하신다. 그리고 아이를 속싸개로 꽁꽁 묶는 법과 기저귀 갈기 등 사람을 키우는 데 알아야 할 것들을 가르쳐준다.

간호사 님은 프로답게 시범이 깔끔했다.

나는 배운 대로 내 딴에는 열심히 끙끙거리지만 영낙없이 허둥지둥, 아이는 불편해서 발버둥. 끝내 아이는 엥~ 울어버리고 나는 어찌 할 줄을 모르겠다. 속싸개는 풀리고 기저귀는 비뚤어지고. 잠은 오고.

"아니요! 제가 알아서 할 테니 가셔서 일보세요."

남편은 호기롭게 외치더니 간호사보다 훨씬 다부진 손놀림으로 척척 타이트하게 속싸개를 싼다. 그 솜씨가 흡사 애 다섯은 키워본 프로 같다. 아이는 편안해하며 울음을 그친다. 간호사가 깜짝 놀라며 뒤로 물러난다.

"1년 수고했어. 이제 1년은 내가 할게. 난 설레여 잠이 안 와. 이런 기분은 태어나서 처음이야. 이 아이를 보면 심장이 뛰어 견딜 수가 없어.”

운명적으로 남편은 가슴 뛰는 아빠라는 적성을 깨우쳤고, 파란만장한 육아의 세계에 겁없이 뛰어들었다. 아무것도 모른 채. 바보같이.

이제부터 시작되는 거야, 그 가장 좋은 것이.

— 앙드레 지드(Andre Gide), 《좁은 문》

그렇게 나는 돌아서서 SSG(쓱)— 웃는다. 배송 완료★★★★★

어떻게 춘자는 세린(Celine)이가 되었나 : 100년 가는 우리 아이 이름 짓기

마녀담임선생님의 이름 짓기

3월 2일 첫 만남, 첫 시간의 풍경.

“김봄! 네!

김하늘! 네―.

박태양! 네!

이슬비! 네!!

박단비! 네!

오가을! 네!

유하나! 네?

정우주! 네!

모두모두 반가워요. 여러분, 올해는 우리 반에 하나님부터 우주님부터 계절님들 그리고 기후님들이 모두 모였네요. 올 한 해 선생님이 잘못하면 우주의 삼라만상을 거스르게 될 것 같아요. 조심해야겠어요. 들리지 않았죠? 혼잣말이에요. (웃음)

이 외에도 김리엘, 박규리, 이소이, 정리아, 우리안, 이세린, 오하루, 최라희, 모두 모두 환영합니다~! 올해 여러분의 선생님을 맡게 된 ○○○ 선생님이라고 해요. 여러분들의 이름을 부르다 보니 선생님 이름이 너무 이상하고 옛날스럽네요. 맞아요. 선생님은 여러분들이 상상할 수 없는 아주 오래전에 태어난 옛날 사람이에요. 집에 가서 우리 선생님은 옛날 여자 사람 선생님이라고 전해주세요. 그러면 엄마들은 '아, 올해도 속으로 마녀 담임(독한 여자 담임)이구나. 조심해야겠구나' 하고 찰떡같이 알아들으실 거예요. 하하. 아무튼 1년 동안 우리 행복하게 지내요."

초등학교 선생님인 나는 해마다 3월 2일 첫날, 아이들 출석을 부를 때마다 아이들 이름이 더 예뻐지고 발음은 부드러워지고 세련되어진다고 느꼈다. 때로는 라임이 비슷해서 헷갈리기도 하지만. 또 이름이 점점 글로벌해진다는 느낌도 많이 받는다. 이름의 유행과 변화를 가장 직접적으로 느낄 수 있는 때다. 시간이 지나면 무뎌지니.

그래서 내 아이 이름은 가장 예쁘고, 흔하지 않고, 부르기 쉽고

뜻도 좋은 이름을 짓고 싶은 부푼 허세의 꿈이 있었다.

드디어 임신 중기가 넘어가면서 내 아이의 이름을 만들어야 하는 시간이 빠르게 다가오고 있었다.

이름 욕심이 많았던(그래서 서로 타협하지 않았던) 우리 부부는 태명도 한 개가 아니라 그때그때 다르게 불러왔다. 열 달 동안 한 가지 이름은 너무나 단조롭다고 생각했다.

제일 처음에는 내가 그림 같은 인생을 살라고 그림이, 그다음에는 우리 부부처럼 가난한 공무원 말고 우리 인생에 못다 이룬 꿈, 민간인 부~우자 되라고 어이, 김 사장! 한운동하라고 김 감독, 인생이 늘 초록초록하라고 그린이 등등 지금은 다 기억도 잘 나지 않는다. 그때그때 달랐다. 어른들 말로 유난 떨었다.

이름 짓다 날 새기

보통 임신이 와닿지 않고 보통 후루룩 태명을 재미있게 짓고 나서 그 태명에 익숙해지다 보면, 어느덧 출산이 임박해지면서 딱히 적당한 이름이 떠오르지 않는다. 예전에야 할머니 할아버지들이 작명소에서 짓거나 집안 대대로 돌림자가 있어서 돌림자를 넣다 보면 남아 있는 몇 글자 중에 선택할 글자가 정해져 있어서 큰 고민을 할 필요도 없었다. 내 주변을 보면 자칫 이름 짓는 시기를 놓치고 있다

| 대법원이 선정한 시대별 유행 이름 |

연도 / 순위	남자 이름				여자 이름			
	1950	1980	2010	2018	1950	1980	2010	2018
1	영수	정훈	민준	서준	영자	미영	서연	지안
2	영호	성호	민재	하준	정자	은정	민서	서아
3	영식	성훈	지훈	도윤	순자	은주	수빈	하윤
4	정웅	성진	현우	시우	춘자	은영	서현	서윤
5	영길	정호	준서	민준	경자	현주	민지	하은
6	영일	상훈	현준	지호	옥자	은경	예은	하린
7	정수	성민	승민	예준	명자	자영	지원	서연
8	정남	영진	민성	주원	숙자	미경	수민	수아
9	광수	상현	동현	은우	정순	현정	지민	지우
10	종수	준호	성민	유준	화자	미정	유진	지유

가 애가 태어난 후 힘든 산후조리 중에 급하게 이름을 짓는 경우가 여전히 생각보다 많다.

아무튼 우리에게는 설레는 첫 딸을 위한 세련된 이름이 필요했다. 우리는 우선 인터넷 검색을 통해 어떤 이름들이 있는지 살펴보고 대법원이 선정한 시대별 이름의 선호도를 검색했다. 흔한 이름은 피하고 싶었고 그러면서 그 흐름에 너무 도드라지게 달리 짓고 싶지는 않았다. 그 결과, 마땅한 이름을 찾지 못했다.

그러니까 10년 전에, 해외에서 아이를 낳아 아이에게 이중 국적을 물려주는 것이 유행인 때가 있었다(원정출산이라 이름 붙은 그 그릇된 유행이 지금은 법으로 금지되어 특별한 사유 없이 해외 출산한 경우 아이의 복수 국적을 허용하지 않는다. 그리고 트럼프 행정부도 원정출산 아이에게는 국적을 더 이상 부여하지 않는다). 나도 그 유행을 따라 하고 싶었다. 주변의 친구들처럼 외국에 가서 아기도 낳고, 어학연수도 받고. 또 충분히 쉬면서 좋은 날씨에 레저도 실컷 즐기는 여유. 어린 시절 아이랑 외국에서 2~3년 지내다 오면 한국의 국제학교도 쉽게 입학할 수 있고, 그러면 영어 학원비도 줄이고 아이는 네이티브처럼 영어를 잘하게 된다고 했다. 너무 혹하는 플랜이었다.

그런데 나는 평범한 임산부가 아니었다. 여차하면 조산할 수 있는 조마조마한 임산부였기에 병원 입원만 여섯 번 해야 했던 고위험군 임산부였다. 애는 외국에서 낳지 못했지만 아이가 컸을 때 내 아이는 세계적으로 활동하고 있는 시대에 살고 있으니 '외국 이름틱한' 한국 이름을 포기하지 않았다.

"남편! 우리 딸 이름으로 수리(Sury) 어때? 김수리(Kim Sury). 난 내가 본 베이비 중에 톰 크루즈 딸 수리 크루즈가 가장 예쁘더라고. 수리가 이집트어로 공주란 뜻이래. 예쁘지 않아? 조카가 셀린(달이라는 뜻)에서 따와서 세린이잖아. 이름 멋진 것 같아. 나중에 어디 살든 무난한 이름 같고. 난 서양 베이비를 낳고 싶은가바~ 아~."

"수리? 김수리? 뭘 그렇게 고쳐? 좀 이상하지 않아? 그리고 꼭 노래 가사 같아. 맨날 술이야~ 나 맨날 술이야~ 나 이렇게…… 이 노래로 애들한테 놀림 당할 것 같아. 장난 하는 거 아니지?"

"그래? 그럼 아예 외국어 이름 포기하고 레트로풍으로 가볼까? 아는 친구의 친구 이름인데, 난 이름 듣는 순간 너무 맘에 들더라고. 마음속으로 우리 딸 이름으로 찜해놨었지. 바로 바로바로~ 김금이야. 금이라고 부르는 거야. 표정 펴고 내 설명 잘 들어봐. 금아~ 하고 부르면 왠지 정감가고. 나, 금 좋아하잖아. 금이 얼마나 비싼데. 중국 사람들이 엄청 좋아해. 이제 중국이 대세야. 미래지향적인 이름이지 않아?"

"그만 그만!! 내 첫사랑 이름을 금이라고 짓는다고? 한자로 읽으면 금금이네. 제정신이가? 무슨 올림픽도 아니고 금, 은, 동메달이야? 너, 내 딸 안티지? 왜? 이왕 좋아하는 거 지을 바엔 너 그렇게 좋아하는 김밥이라고 짓지. 평생 이름만 불러도 배 안고프겠네. 참 조—오—타. 도저히 안 되겠다. 내가 알아서 구해올게. 기다려."

남편은 당장 그 길로 서점에 가서 성명학 책을 사오더니, 방에 들어가 밤새 연구하기 시작했다. 다음 날 퀭한 눈으로는 이렇게 덧붙였다.

"우리 딸 이름은 리나야. 이제 리나가 태어날 거야. 한글 이름 아니고. 한자로는 里娜, 마을 리에 아름다울 나. 마을이라는 뜻은 아주 오래전에 '세상'이라는 의미도 가지고 있지. 그러니까 뜻은 이 마을에, 이 세상에, 가장 아름다운 아이가 태어났다는 뜻이야. 그리고 올해 중국의 여자 테니스 선수 리나가 우승할 때 난 너무 감동받았어. 난 우리 딸이 세계적인 테니스 선수가 되는 것도 멋질 것 같아. 네가 금메달을 원하는 것 같아 그것도 나름 반영한 거다. 그리고 안젤리나, 브란젤리나, 헬레나, 그 모두의 끝에 리나가 대미를 장식한다는 의미도 돼. 서양에서도 예쁜 이름 느낌이래. 원어민에게도 확인했어. 고민 끝. 이제 리나를 기다린다."

"남편. 나 육아 책 쓴다.
그런데 너무 오래됐나 봐
기억이 안 나."

"기억이 안 나는 게 아니라
육아를 한 적이 없어, 넌!"

2장

출산과 동시에 비적성이 덮쳤다

남편과 의리로 헤쳐나간다 : 딸이 태어났고 집안에 바보도 태어났다

딸바보, 남의 집 이야기인 줄 알았다

남편이 처음부터 아이를 너무나 좋아하던 사람인 것은 알고 있었다. 출산하던 날 나에게 꽃을 주며 사랑한다고 했지만 그건 딸을 낳아주느라 애쓴 아내에 대한 예의였고, 이미 그의 눈엔 딸밖에 보이지 않아 보였다.

처음에는 '아싸, 그래! 잘 사용하면 아주 유용하겠어. 1년 내내 내가 고생했으니 남은 1년은 바통을 넘기는 게 당연한 거야. 낳아만 주면 자기가 다 키우겠다고 약속했었잖아? 남는 게 힘인 사람이잖아. 잘됐네, 잘됐어. 남편 찬스 제대로 활용하겠어. 남들은 독박 육아로 힘들다는데 이번 생 나는 운이 참 좋네. 이번 기회에 육아 살림 같이 한번 넘겨보자. 아싸~ 이제 좀 살 것 같다' 하며 좋아라 했다.

그렇게 하루 이틀. 남편은 자신에게 주어진 출산휴가를 비롯해 퇴근 후 시간은 물론 주말이고 평일이고 온종일 딸아이 육아를 넘어 '찐사랑'에 빠져 있었다.

들어나 봤나, 아빠의 누드 육아

아이가 처음 우리 집에 오던 날, 남편은 샤워를 한 뒤 윗도리를 훌렁 벗어버렸다. 그리고 아기를 품에 안고 눈을 맞추고 웃으며 이야기했다.

나는 그 모습이 너무나 이상해 보였다.

"옷은 왜 벗어? 세균 있을까 봐 그래? 그럼 새 걸로 갈아입어."

"아니, 그게 아니라, 얘는 지금 아빠의 품에 안겨 있는데 그 사이에 옷이 껴 있잖아. 얘는 나한테 모든 것을 원하지 않게 보여주고 부끄러워할 텐데 나도 벗어서 다 보여주고 느끼게 해주어야지. 당분간 엄마 품에 못 안기니, 비록 아빠 품일지라도 진짜 이 세상에 와주어서 너무 고마워하는 나의 마음을 피부로 느끼게 해주어야지."

난리 났네—.

처음에는 비웃었고 유난 떠는 남편이 얼마 못 갈 거라고 생각했다.

남편은 기저귀를 능숙하게 갈았고 아이가 불안해하지 않게 겉싸개도 아주 단단하고 야무지게 묶었다. 목욕도 아이의 기분과 적당한 수온을 맞춰가며 완벽하게 잘했다. 나는 모든 것이 초보였는데…… 아이가 울고 웃는 것에 허둥대며 뭐가 뭔지 몰라 다 낯설기만 했는데, 남편은 마치 늘 해왔던 사람처럼 능숙했고 아주 작은 것에도 정성을 들였다. 나는 내 몸 추스르고 회복하는 것이 버거웠는데 남편은 정말 딸아이를 아주 소중한 보석 다루듯이 그렇게 사랑했다.

세상에, 그렇게 남편은 아기 아빠가 되었고, 나는 딸에게 남편의 사랑을 빼앗기기 시작한 것 같다.

바보 같은 모습을 보는 것도 하루 이틀이지, 내가 몸이 어느 정도 회복되니 아무래도 빼앗긴 남편을 찾아와야겠다는 생각이 들었다.

"남편, 잘 생각해봐. 내가 쟤보다 못한 게 뭐가 있어? 잘 봐. 쟤는 머리도 대머리고 팔다리도 엄청 짧아. 저 나온 배 좀 봐봐. 심지어 허리도 없어. 아직까지는 그래도 내가 훨씬 많이 예쁜 것 같은데, 나는 쟤보다 키도 크고 돈도 벌어오고 밥도 혼자 먹어. 트림도 안 시켜줘도 돼. 도대체 내가 쟤보다 못한 게 뭐야? 나 이제 사랑하지 않는 거야? 이 좌식이 결혼하면서 끝까지 사랑하기로(나만 돌봐주기로) 약속했잖아. 계약했잖아!! 나도 밥 먹여주고 안아서 트림시켜줘."

남편은 너무나 어이없어 하며 일갈했다.

"왜 이래? 내가 밥 먹여주고 트림은 시켜줄 수 있어. 그런데 우리

가족 아이가. 얜 신상이야. 얘는 부드럽고 촉촉해. 이 눈을 봐. 어떻게 이렇게 깨끗할 수가 있지? 결정적으로 잔소리도 안 해. 언제까지 사랑 타령 할 거야? 우리는 이제 의리로 사는 거야. 사랑, 할 만큼 했잖아. 내가 니가 낳아준 신상 잘 키워볼게. 우리 잘해보자. 의— 리!!"

요즘 인싸는 육아휴직하는 남자

그렇게 남편의 사랑은 의리로 바뀌었다. 무언지 모를 억울하다는 느낌과 외로움, 서러움이 들었지만 내가 엄마가 되어야 하는 만큼 이제 남편도 아빠가 되어야 했던 것 같다.

정말 시대가 많이 변했나 보다. 불과 몇 년 전까지만 해도 여자들이 독박 육아로 힘들어하고 남편들은 살림을 도와주는 서브 역할 정도였던 것 같은데……(물론 지금도 독박 육아를 해야 하는 상황에 놓인 육아족들이 많이 있다는 것도 잘 안다).

육아 친구들과 만나서 이야기하다 보면 친구들은 한결같이 육아가 적성에 맞지 않는 것 같다고 힘듦을 토로하는데 한편으로 남편이 딸에게 약간 미친 것(?) 같다는 얘기를 많이 듣게 되었다. 내 남편만 그런 게 아니었다. 여자들은 빨리 복직하고 싶어 하고, 남자들은 육아휴직하고 싶어 하는 경우가 드물지 않은 것 같다. 남자의 육아휴직이 인싸가 되는 세상이 되었다.

서점에 가보면 엄마를 위한 육아서가 전부였던 예전과 달리 요즘은 아빠가 해야 하는 출산 준비부터 각종 육아법, 놀이법, 휴직 사례, 심지어 엄마의 전유물이었던 각종 학습서들까지 아빠표를 내세운 제품이 많이 나와 있다. 실제 내가 다니는 직장에서도 올해 남편이 아내를 대신해 육아휴직을 한 사례가 많다.

4일 잡코리아가 최근 남녀 직장인 1,578명을 대상으로 모바일 설문조사를 실시한 결과 남성 육아휴직에 대한 질문에 전체의 87.3%가 찬성한다고 답한 반면 실제 육아휴직을 사용한 남성 직원이 있다고 응답한 직장인은 26.2%밖에 되지 않은 데에서 볼 수 있듯("바뀐 남성 육아휴직 인식, 사용에는 여전히 '눈치'", 〈이데일리〉, 2020. 1. 4.)

아빠가 육아를 하는 경우는 아직 미약하나, 분명한 것은 아빠 육아 시대가 왔다는 것이다. 이제 육아를 여자의 전유물로 여기며 버거워하지 말고 남편과의 의리로 함께한다면 우리의 육아가 조금은 나아지지 않을까?

남자가 육아 적성인 절대적 이유

- 나라에서 적극 권장한다.
- 솔직히 예전만큼 회사가 빡세지 않다.
- 하나밖에 모르는 바보다.
- 사랑에 빠지면 최선을 다한다.
- 육아는 힘을 절대적으로 필요로 한다(군대 경력이 절대적임).
- 술, 담배, 게임에 빠지듯 중독에 약하므로 육아 중독에 빠질 수 있다.
- 워낙 단순해서 육아도 심플하게 한다.
- 까다롭지 않아서 스트레스에 비교적 강하다.
- 옆집 아줌마 친구가 없다. 비교할 줄 모른다. 그래서 마음이 편하다.
- 야근에 강하다.
- 놀이터에서 놀아주는 것이 아니라, 같이 놀 수 있는 종족이다.
- 모험을 하는 것을 좋아한다. 기꺼이 육아 모험을 제공한다.

- 생활연령 수준이 아이나 아빠나 큰 차이가 없다. 형제, 남매 해도 된다. 맞춤이다.
- 남자들이 육아하는 텔레비전 프로그램을 보며 의욕에 꽉 차 있다. 제대로 속았다.

여자가 육아 비적성인 합리적 이유

- 일 잘하는 여자가 너무 많다. 회사에서 꼭 필요로 한다.
- 여자에게는 '모양'이 제일 중요한데 육아는 '모양' 빠지는 일이 너무나 많다.
- 육아 적기에 엄마 몸은 회복의 시기를 거쳐야 한다.
- 이미 1년 넘게 신체적 육아 의무를 했기 때문에 또 하면 형평성에 어긋난다.
- 비교하는 걸 좋아해서 스트레스에 약하다.
- 고수는 뒤에서 감독을 하는 법. 실전은 코치가 하는 게 맞다.
- 레고도 안 좋아하고, 전쟁도 싫어하고, 조립하는 것도 싫어하고 소꿉놀이도 '당연히' 싫어하므로 아이랑 할 게 없다.
- 아이가 숙제를 안 해도, 40점짜리 수학 시험지를 받아와도 모두 "애니까 그렇지. 우리 때는 다 놀면서 컸어. 할 때 되면 다 알아서 해" 했던 남편 탓으로 돌리면 되니 최적이다.

재미지게 육아할 수는 없나? : 유모차랑 돌자, 동네 한 바퀴

준비 없이 떠나는 신기한 현장학습

계속 자리에 앉아 있을 것이냐,

춤을 출 것이냐,

선택의 갈림길에 서면,

나는 네가 춤을 추면 좋겠어.

— 오프라 윈프리(Oprah Winfrey), 《내가 확실히 아는 것들》 중에서

오프라 윈프리는 이 문장에 깊은 감명과 위로를 받아 용기와 자

신감을 가지게 되었다고 한다.

육아하다가 춤추면 정말 미친 건데…… 아무튼 소파에 앉아만 있지 말고 춤을 추라잖아. 춤을 춰야 하나(해석이 초딩 수준에서 멈춤)?

육아의 고된 하루가 또 지나가고 있다. 그래도 조금씩은 나아지고 있다. 여전히 똥 기저귀는 힘들지만 소변 기저귀 정도는 이제 거뜬하다. 3주 이상의 실습시간이 걸린 것 같다. 그리고 허리도 잘 세워 앉으니 좀 나아지고 있다. 아이가 50일이 넘어가면서 엄마는 힘든 고비를 조금 넘겼다. 입맛도 돌아와서 잘 먹고 몸도 회복되어가고 있다. 그동안 너무 정신없고 힘들었는데 이제 정신 차리고 육아를 좀 재미있게 할 수는 없을까?

네이버 검색창에 육아 재미라는 키워드를 찾아본다. 그런데 카페글 '육아 너무 재미없어요'라고 뜨네…… 역시! 세상엔 육아 비적성족들뿐이군. 육아에서 진정 재미를 찾을 수는 없을까?

아직 남아 있는 육아휴직 기간의 한 달 반, 이제 세상 밖으로 나가볼까?

아파트 밖 동네 아쿠아리움으로!

난생처음 아쿠아리움 : 횟집 수족관

준비물 : 엄마의 용기, 리액션

거리 : 1킬로미터

소요시간 : 왕복 30분, 관람 15분

산후조리하느라 한참을 제대로 된 외출 한번 못한 나는 용기를 내 거실을 벗어나 여행을 떠나고 싶어졌다. 처음으로 엄마와 아기, 단둘이 떠나는 여행을 가야겠다고 생각했다. 남편의 도움 없이.

거창한 여행을 생각하겠지만, 내가 생각하는 산모의 여행 기준은 아파트 단지 밖이다. 애를 낳고 나가는 여행. 짐을 바리바리 싸들고 운전해서 갈 엄두가 안 나므로 왕복 3킬로미터 이내의 거리를 운동 삼아 걷는다.

아이를 낳고 육아의 안경을 끼고 보는 세상은 내가 출산 전에 다녔던 동네와 다르다.

유모차 끌고 유명한 아쿠아리움 가기에는 아직 내 체력에도 아이의 수면 패턴에도 무리다. 수면 패턴이 깨지면 엄청나게 고통스러운 아기의 울음소리를 들어야 하므로 한 시간 안에 끝날 수 있는 초근거리 현장학습을 시도한다. 장소는 유모차 눈높이에 딱 맞는 동네 횟집!

수족관에 종류별 어종(?)이 많이 헤엄치고 있다. 광어, 우럭, 돔, 낙지, 오징어에 각종 조개류와 해삼까지. 그동안 눈여겨보지 않았었는데 참 다양하게 먹는구나. 수족관에 흘러넘치는 물 사이로 보이는 물고기에 아이 눈이 휘둥그레진다.

※ **특이 사항** : 동네 횟집 중 가게는 작아도 횟감 종류가 많은 집이 있다. 운이 좋으면 수족관에 물고기 채우는 때를 만날 수 있다. 아이가 정말 신기해한다. 저녁에는 술집이므로 꽐라가 된 어른들의 모습을 보이지 않도록 조심한다.

그야말로 개이득! 애견 카페

난생처음 동물원 : 애견 카페, 냥이 카페

준비물 : 종간(種間) 친화력, 약간의 도전력

거리 : 600미터

소요시간 : 한 시간

눈으로 관람하는 아쿠아리움을 경험했다면 이번에는 직접 만져 체험하는 애견 카페에 도전해본다. 반려견이 없어도 애견 카페에 가면 상주하는 개들이 있으므로 개 만지기(?)에 더없이 좋다. 게다가 카페이니 누구나 차 마시러 갈 수 있다는 사실! 엄마는 커피를 마실 수 있고 아이는 살아 있는 개를 보고 으앙~ 울어버릴 수도, 화들짝! 반색할 수도 있다. 시간이 지나면 나보다 개들이랑 더 소통하는 것 같은 착각도 든다.

대기하는 곳에서 충분히 적응한 후에 들어가니 너무 좋아한다. 팔짝팔짝 뛴다. 가끔 성견들이 아기를 무시하며 어른들에게만 애교를 부리는 듯 보였지만, 대수로운 일은 아니다. 애견 카페의 강아지들은 훈련이 잘되어 있어 사람 말을 잘 듣는 데다 깨끗하고 예쁘다. 사진 찍기에 너무 좋은 곳이다. 개와 아이 너무 완벽한 순수의 세계다. 여자아이들은 초등학생이 되어서까지 매우 좋아하는 장소다.

※ **특이 사항** : 처음에는 음료 타는 곳에서 혹은 쇼윈도로만 강아지 구경을 한다. 유리벽에 붙은 강아지들이 반겨주고 아이가 좋아라 하면 용기 내 카페 안으로 들어간다. 혹시 내 아이가 개털 알레르기가 있는지 유심히 살핀다. 이럴 경우 전문의와 상담한다.

세 번째쯤 방문하자 아기는 내가 강아지 간식 주는 모습을 매우 신기한 눈빛으로 바라본다. 강아지 냄새며 강아지 소리 등이 아기에게 자극을 준다. 다양한 강아지들이 돌아다니는 이 카페는 육아로 지친 나에게도 아이스커피와 함께 힐링을 준다. 요즘은 초등학생들이 개 구경하러 애견 카페에 많이 온다. 그야말로 애 반, 개 반이다.

너만을 위한 먹방을 위해

난생처음 서커스 : 수타 짜장

준비물 : 주린 배

거리 : 500미터

소요시간 : 한 시간

날씨 좋은 날 우유 잔뜩 먹이고 15분 정도 걸어 유명한 수타 짜장면 집 쇼윈도를 보러 간다. 탕탕 치는 면 뽑는 소리에 나도 신기할 지경. 팔 동작은 불 쇼를 하는 것처럼 매우 역동적이다. 주렁주렁 탕탕, 줄줄이 면이 늘어지는 모습을 보면 이건 정말 서커스다. 가슴도 조마조마하지 않고 마음 아픈 동물 학대도 없다. 오는 길에 짜장면이라도 포장해 오면 세상 즐겁다.

공짜 구경에 점심도 해결! 너만을 위한 먹방! 엄마가 집에서 짜장면 면치기 하면서 ASMR 들려줄게~.

동네의 수타 짜장면 집들이 많이 문을 닫았다. 참 안타까운 일이다.

※ **특이 사항** : 짬뽕도 먹고 싶어진다.

맘충이 아니니까 한 번만 타는 공짜 엘리베이터

난생처음 자이로드롭 : 투명 엘리베이터

준비물 : 부릅뜬 눈

거리 : 700미터

소요시간 : 왕복 40분

이번엔 조금만 멀리 나가볼까? 사는 곳 근처에 아울렛 매장이 여러 개 있다. 모두 걸어서 이용할 수 있는 거리다. 그곳에서 장도 보고 문화센터도 이용한다. 대형 마트나 아울렛 가운데 투명 엘리베이터가 있는 경우 장 보러 갔을 때 한 번 정도 꼭대기층 식당가까지 갔다가 1층까지 내려온다. 뷰가 잘 보이는 안쪽으로 이동해서 엘리베이터 차창 밖을 바라보면 아이는 신기해서 어쩔 줄 몰라 한다. 내려갈 때는 심장이 쿵! 여러 번 타면 안 된다. 맘충이 아니므로 한 번 정도만 시도해본다.

그렇게 어린아이들이 엘리베이터랑 에스컬레이터에서 장난치는 이유를 이제 이해해본다. 움직이는 건 모두 놀이기구가 될 수 있다.

※ **특이 사항 :** 자이로드롭은 1분, 엘리베이터도 1분. 너무 짧은 것이 흠. 단비 오는 날은 더 멋지다.

'띠용'하게 좋아하는 곳

상남자를 위한 Top 3 : 공사장, 세차장, 자동차 정비소

준비물 : 엄마의 강심장

거리 : 1킬로미터~그 이상

소요시간 : 그때그때 다름

빌라 공사장 : 부동산의 열풍으로 서울은 이제 쓸모없을 것 같았던 골목길까지 주거용 주택단지로 탈바꿈하고 있다. 빌라 공사를 하는 곳이 동네 곳곳에 있다. 큰 공사장은 너무 시끄럽고 접근하기 힘들지만 이런 곳은 괜춘괜춘.

남자아이들은, 내가 도저히 이해할 수 없지만, 공사장을 너무 좋아한다. 자리를 떠나기 싫어할 정도다. 공사장의 소리, 구조물, 포크레인 같은 다양한 장비들은 어린 아기에게 신기한 세상인가 보다.

※ **특이 사항** : 유모차 커버를 씌우거나 마스크를 해야 한다. 대략 공사를 시작하고 한 달 반 정도 지난 빌라 공사장이 유독 볼 것이 많다.

세차장 : 아이가 하루 종일 유달리 힘들게 우는 날. 우는 원인을 도통 모르겠는 날. 견디기 힘들 때 무작정 아이를 차에 태우면 엔진

을 느끼며 잠을 깊이 잘 잔다. 그렇게 자유로를 얼마나 달렸었는지. 발이 저릴 때까지 운전했던 기억이 있다. 멈추면 바로 깨서 에~ 하고 울기 때문에 휴게소도 못 들르고 밤새 자유로를 왕복.

달리는 도로 다음으로 세차할 때의 빗소리는 아이의 눈을 동그랗게 만든다. 리액션이 정말 귀엽다. 여러 번 세차 경험을 하다 보면 빗속에서 평화를 느끼는 듯 차창에 뿌려지는 세제를 그윽하게 바라보기도 한다.

※ **특이 사항** : 손세차는 반응이 없다. 셀프 세차장은 물이 튀어서 조금 더 시간이 필요하다. 아빠가 프리미엄 세차장에서 음악 들으며 세차하는 모습은 엄마들이 좋아할 듯. 이래저래 차는 나날이 깨끗해진다.

자동차 정비소 : 동네 카센터에는 아이가 원하는 장면이 없을 수 있다. 아이가 좋아하는 장면은 빠빵이 하늘에 떠 있는 장면이다. 그 밑으로 정비사 아저씨가 주욱~ 미끄러져 들어가 차 밑을 여기저기 점검하는 장면을 좋아한다. 다양한 차종을 보는 것을 차차 좋아하기 시작한다. 머리 하고 화장한 엄마는 가끔 못 알아봐도 차 종류는 틀리지 않는다. 신기방기.

※ **특이 사항** : 정비하기 위해 차를 빼고 집어넣고 할 때 거의 묘기 수준으로 빠르고 정확하므로 이를 구경하는 재미가 넘친다. 패밀리카의 정기점검 날짜를 챙길 수 있다.

이제 문화를 즐겨볼까?

사람 사는 곳은 다 똑같은데 사는 건물과 사람의 모습만 다르다. 인사동은 거리가 크지 않아 동선이 힘들지 않다. 지상 주차장에서 인사동 거리까지 도전해볼 만하다.

'아가야, 세상은 넓고 사람들은 다양하단다. 사람 구경만 해도 신기하단다.'

미술관은 한두 군데 정도 작은 곳을 둘러본다. 도서관 가서 하루 종일 자고 와도 집에서 자는 것보다 보람 있다. 미술관에 다녀와서 설명할 수 있는 작품은 없어도 무언가 문화적인 일을 하고 온 기분 좋은 느낌이다.

예술의 전당은 느낌이 정말 예술이다. 오페라는 즐길 수 없지만 큰 전시회 같은 경우에는 아이와 즐길 수 있다. 조용하고 정숙해야 해서 마냥 편한 곳은 아니지만 위대한 예술품 앞에서 느껴지는 왠지 모를 아우라를 아이도 은근슬쩍 느끼(기를 바라)기에 좋다.

이런 곳은 아이가 뛰어다니면 오히려 오기 힘든 곳이다. 잡으러

다니는 새에 전시회에 큰 민폐가 될 수 있다. 가끔 허락을 받고 전시회 입구 앞에서 유모차 사진을 찍기도 한다.

관람 후에는 예술의 전당 음악 분수대 앞에서 예쁘게 해지는 모습을 바라보면서, 유모차에서 곯아떨어진 아기와 함께 퇴근하고 바통 터치해줄 남편을 기다린다.

나 자신에게 10분의 초과 근무도 허락하지 않는다(이 좌식은 언제 오나……).

케어 말고 워칭 전문가

시간 있을 때 나는 코믹 사진 연출가가 되어 아이랑 신나게 놀았다(요즘은 랜선 이모들이 유튜브로 강아지도 키우고 고양이도 키우며 랜선 집사 역할을 하지만 10년 전에 나는 사진으로 육아를 했다). 방법은 간단하다.

먼저 사진을 열 장 정도 찍어 좀 못생기게 나온 것들로 고른다. 해맑고 한없이 예쁜 사진은 재미가 없다. 알 수 없는 표정의 사진에다가 말풍선을 붙인다. 말풍선에 들어가는 말은 어이없고, 맥락 없고, 기가 막힐수록 좋다. 그 시절, 내가 주로 달았던 문구는 "허리 짧은 것 좀 봐", "다리가 몽당연필", "아빠 닮아 미안해~", "날 잡아잡슈~" 같은 것이었다.

이때 옆에서 남편이 했던 말이 아직까지 생생하게 기억난다.

"애를 보라고(care) 했더니, 애를 옆에서 보기만(watching) 하면 어떻게 하냐?"

그날 내가 남편에게 한 말은 이렇다.

오빠! 이것 좀! × 10,000

해석 : 내 옆으로 와서 내가 하는 모든 작고 큰 해야 할 일들을 해결해줘. 동시에 나를 사랑한다는 표현도 해야 돼.

오빠! 배고파!

해석 : 내가 생각지 못한, 나의 미각을 살리는 끝내주는 맛 집을 세 군데 검색해서 그중 한 집을 내가 결정하면 그 집으로 달려가 식기 전에 당장 포장해왔으면 해. 그리고 사랑한다는 표현도 해야 돼.

오빠! 나 잔다!

해석 : 하루 종일 나는 너무 피곤해서 오늘 밤 밤중 수유는 늘 그랬듯이 오빠가 해주었으면 해. 분유 두 스푼 반 담고 물은 40도로 맞춰놓아서 아이가 밤에 자다가 자지러지지 않게 바로 먹여줘. 나 자는데 방해되거든. 그리고 잠자는 나를 사랑한다는 표현도 해야 돼.

다이어트보다 내 몸 먼저 : 푸드 파이터! 육아 파이터!

뭘 넣어도 미역국이라니깐!

"남편!! 남편!! 따라라라라라~ 난 좋아~ 날아갈 것 같아. 쒼나— 너무 쒼나— 상상도 못해. 세상에 이런 날이 오긴 오는구나. 봐봐, 나를 가로막던 배가 없어졌다구. 쭈쭈도 더 이상 안 나온다고! 아, 이런 날 우리의 만찬은??"

순간, 당황한 남편이 안타까운 눈빛으로 가스레인지 위에서 빛나는, 아직 스티커도 안 뗀 커다란 풍년표 들통을 가리킨다.

"어, 장모님이 너 모유 수유하라고 미역국 한 들통 끓여놓고 가셨잖아. 그리고 너 임신 때 다이어트 노래 불렀었잖아. 샐러드 팩으로 많이 사다놨어. 종류별로."

"뭐? 또 미역국? 산후 조리할 때 내가 먹은 물에 빠진 초. 록. 색. 미끄덩 그 미역…… 국? 내가 산후 조리할 때 먹은 미역국을 말해볼까? 소고기 미역국, 바지락 미역국, 홍합 미역국, 전복 미역국, 성게 미역국, 미역 떡국, 들깨 미역국, 참치 미역국, 황태 미역국, 닭 가슴살 미역국, 버섯 미역국, 사골 미역국, 헉헉. 이 미역이란 녀석에게 안 당해봐서 모르나본데, 뭘 넣어도 머리를 풀어헤치고 흐물흐물 미끄덩미끄덩한 것이 자기의 맛을 잃지 않는 근자감이 대단한 녀석이야. 머리는 어찌나 긴지…… 년인지 놈인지. 뭘 넣어도 미역국이라니깐!

이렇게 버라이어티하게 미역국을 먹었는데 생각만 해도 다시 입덧, 아니 미역덧 나오려고 하는데 또 미역국에 밥을 말아먹으라고? 남편 그리 안 봤는데, 못 쓰겠네. 눈치를 밥 말아 먹었나? 내가 미역국 먹고 샐러드 다이어트 할 줄 알았나 본데…… 그런데 내 내려간 슴가를 봐. 섭섭하잖아. 뭔가 많이 서운하지? 허전하지 않아? 참 당당했었는데. 누구 때문인지 알아? 항상 범인은 가까운 곳에 있지!"

"육아는 내가 하는데 스트레스는 왜 니가 받는 걸까?"

나는 의미심장한 표정으로 라푼젤의 마녀 고델의 눈으로 누워

있는 아가를 째려보며 난 말했다.

"당신을 완전히 홀린 저 천사 같은 얼굴을 하고 있는, 바로 대머리 꼬마 쟤!! 어쩐지 쟤 너무 탱글하다 했어. 저 팔 좀 봐. 짧아, 짧아. 소시지잖아. 볼록볼록 튀어나온 부위마다 너무 탱탱해. 그래서 쪼끔 귀엽긴 해. 오~ 불쌍한 마녀 엄마 고델은 모든 치명적 섹시 콜라겐을 빼앗기고 노화만을 남기는 희생을 강요당한 거야. 아 눈물나. 엄마의 모성애는 이렇게 위대한 것이야. you no? 알랑가?

스타 강사 김창옥 '선상님'께서 자매님들께 항상 말씀하시잖아.

'근데 요즘 여성들은 워낙 다이어트에 관심이 많으셔서 샐러드바를 되게 좋아하시더라고요. 제가 같이 가봤거든요. 당황스럽게 샐러드를 열두 번 먹어버리더라고요. 자그마치 열두 번. 소도 샐러드 먹고 400킬로까지 찌거든요. 소가 샐러드를 먹는 거예요. 소가 투다리 같은 데 가는 게 아니거든요.'

알겠지? 샐러드 먹는다고 다이어트 되는 거 아니라고! 김창옥 강사님이 진실을 말하시잖아. 사람이 나이가 먹으면서 지켜야 할 것은 '동안'이 아니라 '동심'이라고.

불쌍한 내 헛헛한 배를 생각해봐. 그동안 같이 있던 아기가 없으니 얼마나 허전할까? 이 샐러드랑 미역국은 집어치우고 비어 있는 콜라겐 자리를 지방으로라도 채워 넣어야지. 안 그래?

아 참, 오빠는 나 입덧할 때 내 음식 다 먹어줘서 지금 배가 많이 까꿍하던데. 그니까 저 국이랑 샐러드는 오빠가 먹어야겠네. 다 남편 건강을 위한 거야. 버리면 큰일날 뻔했네. 내가 이렇게 프로스럽게 남편을 챙긴다니깐. 딸은 낳아나 봐야 저렇게 자빠져 누워만 있고 엥~ 하고 똥 싸고 오줌 싸고. 게다가 침도 흘려요, 쯧쯧. 대책이 안 선다니깐. 아무튼 그동안 금단의 음식들 알지? 광어회랑, 초밥이랑, 각종 살아 있는 것들 다 잡아먹고 후식으로 열대과일이랑 팥빙수랑 불족발이랑 다 먹어버리겠쓰! 미역국 대신 쏘주, 맥주, 와인, 막걸리, 다 말아버리겠쓰. 꽐라되는 거야. 아, 그리웠던 ―코올향!

오빠, 나 오늘 푸드파이터야. 말리지 마―. 육아 스트레스를 먹는 것으로라도 풀어야지, 안 그래?"

내 말에 남편은 한 문장으로 왈(曰)했다.

"헐~ 육아는 내가 하는데 스트레스는 왜 니가 받는 걸까?"

푸드로 육아하는 파이터의 끝은?

푸드로 육아한 파이터 끝판왕인 나는 육아한 지 3개월이 지나자 백일 된 아기 젖살 오르듯 덩달아 젖살이 오르기 시작했다. 출산 후 부기가 빠지면서 친정엄마와 시어머니가 보내주시는 최고 열량의 보양식들이 그 공간을 살로 채웠다고 할까? 아무튼 그렇게 파이터하면서 내 몸부터 과도하게 챙긴 결과, 나의 배와 아이의 배는 배틀이라도 하듯 매우 심하게 까꿍! 하고 있었다.

가슴보다 배가 더 앞장서기 시작했다. 하지만 나는 직장이라는 링 위로 곧 복귀해야 하는 프로 선수 아닌가. 다시 예전의 까칠했던 입맛으로 복귀했고 덕분에 슴가 살은 더 뒤로 후퇴했고 앞장서던 배는 비로소 멈추기는 했지만 후퇴하는 기술을 발휘하지는 못했다. 와코루의 복대는 나의 숨겨진 라이트 플라이급 챔피언 벨트로 24시간 내 몸과 한 몸이 되었다. 그렇게 아이의 성장과 나의 복귀 무대 준비는 링 위의 프로 복서처럼 진행되어가고 있었다.

블로그 인스타 못하자 : 따봉 거지의 독방 육아

멈추면 비로소 보인다, 남의 집 잘 먹고 잘 사는 이야기

아, 괴롭다. 또 보고야 말았다. 남의 의식주를 왜 이렇게 의식하는 걸까?

처음 시작은 분명 교양을 위한 뉴스 확인인데 멈추면 비로소, 보인다, 남의 집 잘 먹고 잘 사는 이야기. 남의 집 애들 잘나가는 이야기. 폰을 덮고 다시 현실로. 그리고 나의 집구석을 본다. 햇살이 따스하게 비추는 창문으로 온 동네 먼지는 다 날아다닌다. 노안인데 먼지 보는 눈은 2.0이다.

프리지아 꽃과 향기로 장식되어 있어야 할 식탁 위에는 바닥에서 타고 올라간 온갖 쓰레기와 몹쓸 김치찌개 냄비가 큰소리치고 있다. 오늘 점심은 양은 냄비 언니를 피해 식탁 모서리에 찌그러져 밥을 먹어야 한다. 찐 현실은 짠— 하구나.

그래, 이런 인플루언서들이야 기획이지. 나처럼 자잘했던 친구들 근황이나 보며 현실 속 위안을 찾아야지.

앗, 잘못 들어왔나? 나랑 비슷해야 하는데 얘들은 언제 이렇게 잘나가지? ○○는 하와이에, ○○는 괌에 가 있네. 저 바다 좀 봐. 바다가 다했네. 인스타 제목도 영어로 달잖아? 영어 5등급이었는데. 이런! 해외 육아는 확실히 물이 다르긴 하네. 뭘 찍어도 인생 휴양이네. 나는 인터넷 서핑 하는데 얘네. 리얼 서핑하고 있네.

검색의 종말은 현타다. 오늘은 유달리 여기저기 세게 맞은 느낌이다.

현타를 벗어나고 싶어 다시 또 서치 그리고 서핑을 해도 내가 제일 못났다. 인정.

코타키나발루 대신 코너 빌라에서 하는 절대 육아

"아니, 살림 따위는 안 한다고 큰소리치더니. 왜 갑자기 안 하던 살림에 집착해? 너는 원래 처음부터 아내 피지컬이 없었어요. 살림, 육아 호르몬도 안 나오잖아? 안 되는 놈은 안 된다고. 백날 뭘 그렇게 신경 써? 저런 블로그나 인스타도 바지런해야 하지. 저거 한 장

올리느라 수십 장을 찍어댄다고. 찍기 전에 주변 세팅하느라 얼마나 정성을 들일 거야 또? 저런 생활 하려면 주변 정리와 관리를 지속적으로 해야 한다고. 너처럼 찍고 싶을 때 1,000장 찍어서 메모리 다 채우고 그거 지우기 귀찮아서 카메라 더 살 때까지 못 찍고 그러지 않아~ 너는 나중에 사진 다 별로라고 사진 보면서 꺼지라고 분노의 삭제하잖아."

여기저기 발바리처럼 집 안 구석구석을 다니는 나를 보더니 남편이 못 참고 한마디한다.

"음…… 나에겐 빅 픽처가 있어요. 나는 미리 공개 안 할 거야. 아이가 커서 이다음에 본인이 원할 때 넘길 거야. 아이일 때 아이의 허락 없이 사진 올리는 거 아닌 거 같아. 그래서 난 안 올리는 거야(실은 따봉 거지임. 아무도 관심 없음. 인맥 없음. 사회적 관계망이랑 관계없음). 나, 사진 잘 찍는 거 알지? 내가 육아랑 살림 빼면 다 잘해요. 그리고 내 사진은 철저하게 초현실주의야. 일반 사람들이 찍는 사진들과는 초격차가 있지. 한번 봐서는 잘 찍었는지 모르는데 아주 오래 자세히 보면 구도가 남다르지. 나의 구도로 바라보는 그 찰나에 누르는 그 셔터의 희열, 알랑가?"

"결론이 뭔데?"

"그냥 다른 사람 거 보지 말아야지. 절대 지존. 흔들리지 않는 편안함. 절대 육아 해야지. 내가 걔들 따라서 그 섬에 갈 수도 없고. 암튼 너무 부럽긴 하다. 누구는 코타키나발루 같은 데서 육아하고 나는 코너 빌라에서 이러고 있네."

나, 분리수거된 랜선 이모냐?

퇴근하고 나면 내가 해야 하는 현실의 육아가 너무 힘들다. 시간이 흐른 뒤 생각해보니 무엇이 그렇게 힘들었는지 구체적으로 기억나지는 않지만, 직장에 다녀온 후 휴식을 취했던 10년간의 시간이 나를 퇴근 후에는 무조건 소파에 붙어 있게 하는 루틴을 만들었다.

나도 랜선 이모이고 싶다. 랜선 속 육아는 마냥 예뻐하기만 하면 된다. 기저귀를 갈 일도 없고 분유 달라고 고함을 지르는 존재도 없다. 밤새 잠을 자고 싶을 때는 그냥 전원을 끄면 된다.

나는 따봉(좋아요) 거지다. 거지 같은 나의 육아에 골드 미스 친구들은 매출 신장에만 관심이 많다. 아무도 관심을 가져주지 않기 때문이다. 나의 거지같이 빈약한 인맥과 그렇게 갖고 싶던 영향력은 없다.

내가 따봉 거지가 된 것은 완전히 남편 탓이다. 처음에는 숨만 쉬어도 예쁘다 하고, 다리만 올려도 연예인 같다고 칭송하니 나의 자신감이 집에서는 무조건 최고다. 자신감이 뿜뿜한다. 어느 누구도 부럽지 않았다.

하지만 딸이 생산된 후 나는 분리수거되었다.

남편이 아이에게서 눈도 떼지 않고 하루 종일 아이만 바라보는 딸바보가 된 것이다. 아이랑 같이 있으면 소중한 내(?) 새끼 다친다고 타박이 타박이……. 손이 야물지 못한 나는 기저귀를 갈아도 다시 풀리고, 우유를 먹이면 덜 잠겨서 우유가 옆으로 줄줄 새는 일이 많았다. 한두 번 그러고 나니 아예 육아에서 '난 싫어요'가 되어 있었다. 결혼 후에 처음으로 절망을 경험하였다. 나는 집에서도 '좋아요' 거지였다. '싫어요' 부자가 더 적합하겠다.

물론 결혼기념일이나 내 생일 때 배달되어오는 100송이 꽃다발이나 선물은 늘 한결같다. 그래서 아직 간간히 버티고 있는 중이다. 하지만 딸아이의 눈길이 날카로워진다.

아이들과 놀이터를 가도 아이들이 나랑 같이 가는 것을 좋아하지 않는다. 아빠는 함께 가지 않으면 눈시울이 빨개진다. 같이 놀아

주는 아빠가 낳아준 엄마보다 훨씬 좋단다. 아빠— 하고 운다. 이럴 줄 알았으면…… 용돈을 주나 봐라. 커서 유튜브 찍으면 절대로 구독 안 할거다. 네 어미는!

독박 육아를 하게 될까 봐 걱정했는데 남편은 애를 안고 밖을 나가거나 방으로 들어가 버렸다. 나는 독박 육아가 아니라 독방 육아 신세가 되어버렸다. 솔직히 몸은 편하다. 너무 좋다. 하지만 솔직히 외롭다. 이 외로움을 독방에서 남의 육아를 보며 나도 모르게 '좋아요'를 또 누르겠지. 아이가 커서 사춘기나 와야 다시 우리는 합체가 되겠지? 저 딸도 노화는 올 테니, 그거 바라며 버텨본다.

인어 공주의 술주정 : 너는 분유 한잔 나는 소맥 한잔

엄마는 인어 공주가 되었구나

지금은 오후 2시. 육아 오전 근무 후, 간만에 숨 돌릴 시간이라는 것을 알 수 있는 시간이다. 아이는 오전에 쏟은 기운이 점심이 되자 노곤해졌는지, 유모차에 태워 몇 번 흔들어주니 세상모르게 햇살 받으며 잠들어 있다.

내가 확인해야 할 것은 이 평화의 시간을 최대한 늘려 나만의 시간을 확보하는 것. 마지막 맥주를 마셔본 지 1년 반이 넘었다. 물론 임신 전에도 술을 진탕 먹거나 실수하는 그런 스타일은 아니었다. 맥주 한 잔에 피자 한 조각. 매운 떡볶이에 입가심 맥주 한 잔. 홍대 클럽에서 기본으로 시키는 작은 사이즈 맥주 한 병이면 두 시간을 실컷 즐길 수 있는 주량. 나에게 한 잔이면 너무나 만족스러운 양이다. 그 이상 본격적으로 술을 마시면 어김없이 다음 날 심한 두통과 함께 출근에 영향이 있기 때문에 항상 그 선은 잘 지켜왔었다.

하지만 그 한 잔의 맛을 느껴본 지 너무나 오래되었다. 오늘 나는 좀 더 센 알코올이 필요하다. 정말 많이 사랑스러운 너지만 오늘만큼은 낮술 먹고 주정 한번 해보련다. 우유가 먹고 싶을 때마다 크게 울어대는 너처럼 나도 오늘은 맥주가 먹고 싶어서 울어버리고 싶단다. 억울한 게 많단다. 정말 미쳐버리기 전에.

아가야, 너를 첨 본 순간, 외모가 내가 기대했던 것만큼 예쁘지는 않았지만(네 엄마는 솔직히 객관적이란다) 네가 내겐 가장 큰 사랑이라는 느낌을 받았다. 그렇게 열 달을 괴롭히고 힘들게 하더니(주변에서는 배 속에 있을 때가 제일 편한 거라며 다들 똑같은 악담을 하더라), 이런 선물을 주시려고 그랬구나. 그 무거웠던 배가 꺼지면서 아, 내가 사람을 낳았구나, 다행이다. 에일리언이나 브이의 파충류가 나오면 어쩌나 걱정했었는데. 너를 가진 순간부터 그래, 우선은 마음은 많이 행복했다. 그런데 행복함만 준 건 아니었다.

엄마는 너를 가진 대가로 인어 공주가 되었단다.

혼족 나라에는 소확행이 있었단다

네가 태어나기 전, 엄마는 옛날 옛적 아주 멋진 혼족 나라에서 살고 있었단다. 그 나라는 아주 냉정하고 힘든 나라인데, 대신 자기가 노력하는 만큼 행복을 얻을 수 있는 꽤 매력적인 나라란다. 엄마는 공부도 열심히 했고, 어른들이 하지 말라는 건 안 하는 아주 모범적인 여자였단다. 그래서 남들이 원하는 공무원도 될 수 있었단다. 네가 좋아할 유튜버만큼 돈을 많이 버는 힙한 직장은 아니지만 그래도 돈 걱정을 하거나 미래를 걱정할 필요가 없는, 나름 매력적인 직장이란다. 일도 열심히 했고 어느 정도 적성에도 맞았던 것 같구나. 그리고 퇴근 후에는 친구들하고 맛있는 거 먹으러 다니고 재미있는 뮤지컬을 보고 쇼핑도 마음껏 했단다. 큰 욕심 없던 엄마는 하고 싶은 것을 하며 작은 행복을 느끼며 살아갔단다. 어른들은 이걸 소확행이라고 부르지.

그런데 어느 순간부터 결혼이라는 어른 나라가 궁금해졌단다. 엄마는 그때까지만 해도 솔직히 어른이 아닌 어른 아이였거든. 결혼이라는 어른 나라에서는 다들 예쁜 아기를 하나씩 가지고 있었고 엄마도 가져보고 싶어졌단다.

그런데 어른 나라에서는 아기를 가지려면 세트 상품으로 남편을 가져가야 한다는구나. 그래서 주저 없이 가져왔지.

그런데 예쁜 아기를 주는 대신 못된 마녀는 인어 공주의 목소리를 가져간 것처럼 엄마가 너무나 좋아했던 소확행들을 모조리 가져가버렸다. 이제 더 이상 퇴근 후 영화관도 갈 수가 없고, 즐기던 피맥, 치맥도 할 수 없게 되었단다. 친구들과 커피숍에서 창밖을 보며 시간 가는 줄 모르고 한없이 떨던 수다도 이제는 할 수가 없다. 아직 걱정해주어야 할 연예인들이 얼마나 많은데…… 그 예쁜 신발들과 아껴 아껴 돈 모아 줄서서 샀던 명품백들도 이젠 더 이상 필요 없어졌단다. 백을 들어야 하는 손에 너를 담은 바구니를 들어야 하고, 넘어지지 않으려면 하이힐에서도 지상으로 내려와야 했단다. 마녀가 엄마의 개인 시간을 다 가져갔단다. 그리고 엄마에게는 육아의 시간만을 남겨놓았거든.

너를 보는 순간들은 나에게 큰 행복을 가져다주지만 대신 쉬는 시간 없이 하루 종일 너만 바라봐야 하는 이 방구석이 엄마는 너무 힘들단다. 그렇게 포근하고 따뜻하게 느껴졌던 나의 방구석이 서서히, 영원히 탈출할 수 없는 감옥일지 모른다는 무서운 생각도 들었다.

아, 기분 좋게 시작한 소맥 한 잔이 오래간만에 먹어 그런 건지, 아니면 안주 없이 빈속에 먹어 그런 건지 취기가 많이 올라왔나 보다. 나는 기분 좋은 날만 술을 먹었는데 오늘은 기분이 올라오지를 않는다.

기분 좋게 원샷하고 나의 억울함을 못 알아듣는 너에게 그리고 너보다 더 못 알아듣는 남편에게 다 니들 탓이야, 어쩔 거야, 이제 다 돌려놓으라고, 결혼을 반품하고 싶다고 한바탕 쏟아붇고 쿨하게 끝내려고 했는데…… 너를 보면서 나도 쉴 수 있는 건 세상에 없는 것일까?

눈물이 쏟아져 그만해야겠다.

주 5일 계약, 육아 퇴근 : 잠자는 방구석 신생모

너 믿고 나 잔다

하상욱은 단편 시집 《미래의 나》에서 이렇게 일갈했다.

너

믿고

나

잔다

그래, 엄마도 그렇다. 너 믿고, 나 자면 정말 좋겠다!

육아에 관한 한 누구나 넘어야 할 최초의 빅3 고통이 있다.

첫 번째, 출산의 고통. 두 번째, 모유 수유의 고통. 세 번째, 밤중 수유의 고통이 그것이다. 물론 이 뒤로 백만 스물한 가지 크고 작은 고통이 있기는 하지만 빅3라 이름 붙인 것은 그만큼 이 세 가지가 빅 가운데 빅빅! 인 탓이다. 첫 번째와 두 번째 이유는 여자만 할 수 있는 영역이므로, 어쩔 수 없다 해야 할 것이다. 대체할 수 있는 방법이 아예 없다. 그러니 육아의 고통을 분담할 수 있는 영역의 답이 나왔다.

유일하게 분담할 수 있는, 바로 세 번째 영역인 밤중 수유! 이럴 때는 정말이지 롱래스팅(Long-lasting) 분유가 필요하다.

아이는 태어나서 초기에 정말 짧게 잔다. 잠들만 하면 에~ 하고 울고, 다시 잠들만 하면 에~ 하고 깬다. 한두 번은 "예쁜 내 새끼 배고파쪄? 우구우구. 달님도 자는데……" 하며 조금 귀찮은 마음으로 분유를 타지만, 그래도 여기까지는 참을 만하다. 그런데 새벽이 넘어가면 남의 쉐키인지 내 쉐키인지 짜증이 몰려오기 시작한다.

"도대체 왜 잠을 못 자? 분유에 누가 카페인을 탔나? 엄마 몰래 커피 타 먹었니? 자, 많이 줄 테니까 한꺼번에 많이 먹어. 엄마 잠 좀 자자. 응? 아, 몰라몰라. 니가 타 먹어!!!!!"

짜증을 냈다가 밤이라고 회유도 했다가 화를 냈다가. 극기야 온갖 우주의 신을 찾으며 애원도 한다. 엄마 힘들어. 제발 잠 좀 자게 하소서.

몸이 완전히 회복되지 않았고 불도 못 켜는 상황에서 몸을 일으켜 분유를 타는 일은 정말 너무 힘든 일이다. 특히 밤만 되면 잠이 쏟아지는 미녀형은 밤에 깊이 자야 한다. 아주 오랜 시간을 푹. 그래야 그나마 저질 체력으로 다음 날 출근을 하든, 살림을 하든, 육아를 하든 할 수 있다.

모든 병은 푹 쉬어야 빨리 회복된다. 내가 육아를 잘하려면 몸이 우선 빨리 회복되어야 한다. 내 모든 관절이 출산 때 부서질 뻔하지 않았나! 빨리 제자리로 원상복귀해서 제 역할을 하려면 내 신체와 장기가 충분히 밤에 재건축을 해야 한다. 그래야 쌩쌩한 체력으로 아이를 예뻐해주고 돌봐줄 수 있을 것 아닌가.

오은영 박사도 못한다

애초에 혼자 모든 육아를 할 수 있는 사람은 없다. 오은영 박사도 그렇게 못한다. 물론 퇴근 후 피곤해 절어 있는 남편을 보면 좀 미안하기도 하고 안쓰럽기도 하다. 그래서 나도 모르게 "그래, 그냥 오늘밤 내가 당번할게……"라고 말할 줄 알았지? 이럴 때 흔들리면 안 된다. 단호해야 한다. 안 그러면 독박 육아의 섬에서 영원히 탈출할 수 없다. 세상(육아 세상)은 냉정한 법.

저녁 9시가 되어 아이가 첫 잠이 들면 조용히 남편과 아이를 남겨두고 되도록 안방에서 가장 먼 작은 방으로 가서 나는 잘 채비를 한다. 그리고 하고 싶었던 인터넷도 좀 하고 필요한 쇼핑도 하면서 하루 종일 육아로 지친 내 마음을 위로한다.

그래야 한 텀에 아이 울음에 깨지 않고 푹 잘 수 있다. 그리고 아침에 상쾌한 기분으로 미련 없이 출근하는 남편에게 독박 육아의 두려움을 내비치지 않고 '바이바이' 할 수 있을 것이다. 나는 남편에게 아이를 맡길 때마다, 골방 구석 신생모가 되어 아침이 될 때까지 밖으로 나오지 않았다. 남편아, 너 믿고, 나 잔다.

수면 교육에 집착하지 마 : 자유 없는 자유로로 달려라 부모!

육아 고통, 2부의 서막

출산에 이은 역대급 고통 2탄은 잠과의 전쟁이다. 임신하고부터 하루 종일 잠은 쏟아지는데 편안함을 느끼며 길게 자는 잠은 포기해야 한다. 꼬불꼬불 비포장도로를 달리는 덜컹거리는 버스 안에서 잔다는 것은 제 아무리 열 시간을 자도 오히려 피곤이 쌓이는 것처럼 임신 기간 내내 불편한 잠의 피로가 계속 쌓인다.

잠은 쏟아지는데 깊이 못 자는 것처럼 어불성설인 일이 또 있을까! 그렇게 열 달을 쏟아지는 잠과 사투를 벌이며 제대로 못 자고 지내면 정말 폭발 직전이 된다. 그런데 강행군은 계속된다. 아이가 빠져나간 몸은 가벼워졌지만 몸이 무겁다. 모유 수유든 분유 수유든 상관없이 초기에 아이는 밤새 수십 번을 깬다. 심지어 밤새 울기도 한다. 육아 분담을 위해 따로 자는 방법을 선택했지만 아이의 그 고함은 아파트 동 하나를 떠내려 보낼 듯하다.

이거 뭐가 문제지? 어디에 AS를 맡겨야 할지 모르겠다. 병이 아닌 것까지는 알겠는데 의사소통이 안 되는 그 상황은 너무 괴롭다. 이럴 때 아기와 함께 수면에 빠져드는 패턴은 주로 다음의 단계를 밟기 마련이다.

1단계 : 달님 찾기. "자장자장, 달님도 잔대~."

2단계 : 수면 인형, 백색소음 찾기. "자자, 자자 응?"

3단계 : 레드썬! 레드썬! 및 어부바 저부바. "휴…… 도대체 왜 못 자는 거야!!"

4단계 : 하나님, 부처님, 우주에게까지 도움 요청. "너, 정말 왜 이래? 어디 아파? 아프면 말을 해 말을(응)?"

5단계 : 오늘밤 포기. 보호자 지쳐 졸도. 아이도 같이 졸도.

초보 부모들은 주로 4단계에서 병원 응급실을 가기 위해 다급히 아이를 차에 태운다. 어디가 아프지 않고서야, 어디가 잘못된 게 아니고서야 이렇게 잠을 못 잘 수가 있나? 우리 애는 이유 없이 우는 그런 나쁜 애는 아니라고 철썩같이 믿기에 얼른 포대기에 아기를 싸매고 차 시동을 건다. 그렇게 부랴부랴 맘 졸이며 병원 응급실 주차장에 도착해보면…… 아이는 세상모르고 잠들어 있다.

잠의 생존을 위해 달려라 가족!

병원 현관 앞에 먼저 내려서 응급실 접수를 하던 나는 민망하게 접수 취소를 한다. 그래도 살았다. 우리 이제 집에 돌아가서 좀 쉬어볼까.

"아--- 아----- 으아-----!!!"

집에 도착해 자동차 시동을 끄는 순간 아이의 수면 시동이 곧바로 켜진다. 수면 취소! ESC 버튼이 눌러졌다. 어쩔 수 없이 아파트 주차장을 서둘러 나와 다시 자동차를 달린다.

자유 없는 자유로로 출바알~!

국도를 탈 수는 없다. 국도를 타선 안 된다. 국도에서 신호라도 만나게 되면 신호등 색이 바뀌는 25초 동안 아이의 고함 소리를 들어야 한다. 유튜브의 광고는 스킵이라도 할 수 있지 아이의 고함 울음은 멈추게 할 방법이 없다. 자유로를 향해 다시 컴포트 드라이브 모드다. 단 하나 있는 자유로 휴게소도 갈 수 없고 집으로 갈 수도 없다. 임진각의 당동리 IC에서 이산포 IC까지. 우리는 아이의 잠이라는 생존을 위해 온 가족이 달린다. 수면 열차를 모는 남편의 어깨는 이미 자고 있는 것처럼 처어~절하다. 젊은 시절 한 손으로 후진하던 그 근육진 어깨가 너무 멋졌는데, 지금은 '머리 어깨 무릎 발 무릎 발'까지 내려와 있다.

어느덧 자유로를 두 바퀴쯤 돌면 운전에 지치고, 아이도 이 밤을 포기하고 카시트에서 깊은 잠에 빠져든다. 벌써부터 저 나이에 자동차 엔진을 좋아하면 어떻게 해? 너무 빠른 거 아냐? 운전하는 오빠 차 타 버릇하면 안 되는데. 오늘 밤도 일찍 자기는 글렀다. 자유로에서 1박 2일이다.

수면감을 배 속에 두고 나왔나 그대?

자유로를 매일 달리다 보니 본의 아니게 자유로운 커플들이 자유롭게 눈에 보인다. 광속의 속도로 오빠의 뜨거운 욕망을 표현하는 화난 오빠 차, 아니 아아 아니—돼요. 차보다 오빠가 더 언니에게 직진하는 차. 오밤중에 꽃향기(매연이 더 심함)를 맡으면 힘이 솟는 오빠랑 데이트하는 언니 차.

다른 차들은 데이트하느라 야(冶)한 차인데, 아이를 태운 우리에게는 야(夜)한 차다. 결국, 남편은 아가들의 수면 교육에 관한 책을 사오더니 열심히 공부한다. 그리고 나에게 딸을 위해 그리고 우리를 위해 딸의 수면 교육을 하겠다고 야심차게 계획한다. 나는 그런 남편에게 말했다.

"잠을 가르치겠다고?? 남편, 당신 의도는 충분히 이해하는데, 내가 어젯밤에 생각해봤는데, 애가 내 배에서 나올 때 수면감을 두고 나온 것 같아. 내가 자면서 깊이 생각해본 결과야."

나는 이쯤에서 수면 감각에 관한 내 '썰'을 남편에게 풀어놓았다.

로봇 혹은 인공지능(AI)이 인간의 영역을 점차 정복하고 있다. 가끔 AI나 로봇이 인간이 하고 있었던 분야의 일을 너무나 잘해낼 때, 스타워즈가 아닌 AI 워즈를 나는 떠올린다. 인간에게 너무나 힘든 일을 이 인공지능은 아무렇지도 않게, 껌 씹듯 해내는 탓이다.

그런 생각이 떠오를 때마다 나는 신문지 접기 놀이가 떠오른다. 시간이 지날수록 인간의 영역을 침범하는 AI에 맞서 처음에는 넓은 신문지 위에서 자유롭게 놀던 우리는 신문지가 한 번씩 접힐수록 설 자리를 빼앗기고 점점 좁은 영역에 오밀조밀하게 서 있어야 한다. 한 번씩 신문지가 접혀질 때마다 더 이상 접을 수 없는 공간이 나올 때까지.

그렇게 더 이상 접어지지 않는 그 좁디좁은 공간이, 인간에게만 있는 고유의 능력을 발휘할 수 있는 영역일 것이다. 이 고유의 능력 중 하나가 나는 단연 오감이라고 생각했다. 그런데 이놈들, 진화가 보통이 아니다 그것의 영역마저도 로봇이 많이 가져갔다.

그런데 20세기 초 오스트리아의 인지학자 루돌프 슈타이너

(Rudolf Steiner)가 인간의 12감각을 이야기하면서 강조했듯이, 인간에게는 누구도 따라 할 수 없는 고유의 예술적, 감각적 영역이 엄연히 존재하는 것도 사실이다. 그런데 여기에 나는 수면감을 더하고 싶다. 말 그대로 수면감은 잠자는 감각을 말한다. 수면 감각이 발달한 아이는 쉽게 잘 자고 바로 깊이 잔다.

불행히도 우리 딸은 이 수면 감각의 발달이 조금 느린 것이다. 그런 것 아닐까? 하지만 한글도 늦게 뗀 아이가 나중에 공부를 더 잘하는 경우가 있듯이 우리 딸도 나중에 더 잘 자게 될 수도 있지 않을까? 나는 남편에게 점점 확신에 차 결론을 내리고 있었다.

"그러니까, 수면 감각이야말로 어쩌면 열세 번째 감각일지 모른다고. 게다가 그 수면은 아주 위대한 능력을 가지고 있지. 잠을 자면서 자신이 이루고 싶은 것을 이루는 마법의 꿈을 꾸는 능력 말이야. 내가 미래에 쓸 책 주제이기도 한데, 물론 이번에 쓰는 책의 흥행 여부에 달려 있겠지만, 지금은 우리 딸이 시행착오를 하고 있는 거지. 해리 포터 시리즈에서도 해리, 론, 헤르미온느는 늘 마법을 부리면서 잦은 실수를 해 곤경에 빠지잖아. 마법 지팡이와 주문에 능숙하지 않아서 엉뚱한 길로 자주 빠지고.

우리 딸도 지금 깊은 잠이라는 마법의 세계로 가기 위해 모험하고 있는 거야. 현실 사람들이 야경이라고 부르는 그거, 얼마나 어린 나이에 무섭고 힘들겠어? 안 그래? 아, 긴 얘기하니 졸리다. 암튼 그렇다고. 그러니까 병원에서 그랬잖아. 시간이 필요하다고. 우리 딸은 야경 때문에 수면 교육 안 될 것 같아. 우리 딸이 스스로 마법사의 돌을 찾을 때까지 우리가 밤에 보초 서주자. 아니지, 나는 호그와트에서 기다려야 하니까 오빠가 보초 좀 서. 길어야 석 달이야. You're a wizard, nampyeon!"

거실, 재활용 센터 되는 거 어렵지 않아요 : 가난한 아빠의 DIY 육아

부자교에 난입한 이단아! 그 이름은 딸바보 아빠

돈으로 해결할 수 있다는 믿음. 돈이 전부라는 생각. 돈이 인생의 성공 기준이라는 가치. 나의 미래는 얼마나 돈을 모았느냐에 따라 결정. 부자인 사람 앞에서 나도 모르게 고개 숙이는 자신.

이것은 언제부터인가 우리 사회에 뿌리내린 신앙이다. 내가 붙인 일명 부자교, 부자 신앙이다. 이 종교에서 신의 이름은 돈이다. 나라마다 이 신의 영향력은 거의 절대적이다. 당연히, 나도 모태 신앙이다. 어렸을 적부터 보고 듣고 자라왔고, 경험은 신앙심을 더 굳건하게 만들어주었다.

어린 시절 돈으로 좋은 옷을 입으면 친구들 사이에서 마음껏 뽐낼 수 있었고, 돈으로 더 좋은 과외 선생님을 만나면 성적이 수직 상승할 수 있었고, 그렇게 받은 과외로 더 좋은 대학에 들어가는 친구들도 실제 여럿 보기도 했다.

모든 것을 돈으로 해결할 수 있다는 믿음은 사회생활을 하면서 절대적인 믿음으로 변해갔다. 능력이 없던 여자 친구들은 돈으로 얼굴을 바꾸었다. 그러자 멋진 흰 가운 입은 왕자님이 데려갔고 그녀들의 핸드백과 애마는 업그레이드되었다. 신혼집은 당연히 시어머니가 마련해둔 재건축을 앞둔 아파트였고 그녀들은 오래된 성전(아파트)에 리모델링 비용 정도만 헌금하였다.

돈이 더 많은 친구들은 아예 고난 가득한 직장생활을 하지 않고 해외로 학벌 세탁을 하러 갔다. 그러곤 취직을 대신해 영어로 써진 금색 졸업장이 한 장 더 필요하다며 아빠의 회사에 혹은 아빠가 소개시켜주는 아빠의 친구 회사에 놀러 다녔다.

그런 이들을 볼 때마다 나는 속으로 회개했다.

'나는 왜 부자교에서 진급(?)하지 못할까? 믿음이 부족한가?'

결론은 헌금 부족. 부자교의 헌금은 곧 투자금이다. 애당초 헌금할 투자금이 없었다. 철저한 세습 종교인 것이다.

적극적인 신앙 활동을 하지는 못했지만 뿌리 깊은 나의 부자교 신앙은 육아에도 영향을 끼쳤다. 돈으로 온갖 좋은 육아용품을 사면 효율적으로 매우 쉽게 육아를 할 수 있을 것이라 생각했다. 물론 신앙심이 더 깊었다면 2개 국어나 3개 국어 하는 최고의 베이비시터를 구해서 입주시킬 텐데 나는 현실 속에서 내가 가진 돈으로 육아를 해결하고 싶었던 것 같다.

그런데 신기한 것이 내가 아무리 전도를 해도 넘어가지 않는 이단이 있었으니 딸바보 아빠다. 이 사람은 이단이다. 종교가 딸이다. 종교의 자유를 인정해주어야 한다는 점은 머릿속으로 이해하지만 마음으로는 도저히 용납이 안 된다.

전도를 하기 위해 좋은 바운서와 화려한 장난감을 사주어도 안 넘어온다. 더더욱 이해가 가지 않는 것은 너무나 행복해 보인다는 것이다. 특별한 육아템이나 장비빨, 도구 따위는 필요하지 않다. 오로지 강풍 육아! 몸으로 놀아주고, 필요한 것은 손뿐. 장비라고 해봐야 일상생활에서 쓰이는 허접한 물건들이다. 그것도 허접한 물건을 불안정하고 삐딱하게 사용하며 스릴을 즐긴다.

어떤 날은 그 허섭스레기(?)에 가까운 것들을 가지고 더 허접한 가내수공업 장난감을 만든다. 만들다 보니 쓰레기인지 장난감인지. 아무튼 모든 것이 허술해 보이기만 하는데 깔깔거리고 웃으며 즐긴다. 종교에 미쳤다.

내가 가서 현실 세계로 데리고 와야 한다는 일념으로 또다시 멋진 아이템을 들이대지만 그 단단한 신앙을 깰 수가 없다.

"남편 남편, 힘들지 않아? 딸 좀 그만 보고 나 좀 봐봐. 이게 뭐야? 전부 쓰레기잖아? 더럽고 안 예쁘고 느낌도 이상하기만 해. 새로 나온 원격조정 자동차 살까? 끝내주게 멋진 뒤태에 멜로디 기능도 갖춰 있고 스마트 패드도 달 수 있어. 충전도 금방 되고 리모컨으로 핸들링이 끝내줘. 어때? 있어 보이지 않아? 애는 가만히 앉아 있기만 하면 돼. 우리 애 데리고 토이 백화점 갈까? 신상 장난감 뭐가 있나 보자. 우리에게 소파에서 편하게 커피 마실 시간을 줄 수 있는 신박한 장난감이 반드시 있을 거야. 옷 챙겨 입어. 가자!"

"나 안 간다. 사고 싶으면 사서 너나 가지고 놀아. 그곳은 우리 딸한테는 5금 놀이기구 랜드 같아. 꼭 나빠야 나이 금지가 있는 곳이 아니라 나이에 맞지 않는 너무 센 즐거움이 있는 곳이라고 생각해. 그렇게 화려한 장난감은 아직 우리 딸에게 필요하지 않아. 그저 안아주고 던져주고 집에 있는 페트병으로 까꿍 놀이만 해도 우리 딸이 얼마나 좋아하는데. 네 유기농 생리대보다 더 순수해. 네가 커버만 유기농이라고 그랬잖아. 이상한 기능 많은 전자 장난감은 안 사줄 거야. 최소한 아직은. 대신 원목 쪼가리나 몇 개 사서 집 안에 미니 오두막이나 짓고 싶다. 딸과 내가 만든 우리만의 공간. 나무 침대도 만들고 나무 장난감도 만들고 천으로 인형도 만들어주고. 하루 종일 같이 사포질하고 신문지로 커튼도 만들고 휴지로 레이스 달아 만들고. 그게 아이들 감각 발달에 얼마나 좋은지 알아?

아, 우리 딸이랑은 그냥 같이 숨만 쉬어도 너무 즐거워. 우리 딸은 나만 있으면 된다고! 저렇게 맑은 눈으로 기다리고 있잖아!"

아구야. 이 아빠 미쳤네. 제대로 돌았어. 한참 갔네. 맛이.

"그래! 내가 동네 돌면서 사과 박스 구해다 줄까? 〈생생 정보통〉 이런 거 보면 사과 박스로 못 만드는 게 없어요. 소파에 테이블에…… 그럼 집이 뭐가 되는지 알아? 그냥 재활용 센터가 되는 거야. 남들한테는 그냥 쓰레기장이지. 지금은 〈생생 정보통〉 아니고 뽀글머리 윤택이 나오는 〈나는 자연인이다〉에 나올 판이라고. 자연인 아빠와 그 딸내미로. 왜? 한강 고수부지에 딸이랑 텐트 치고 살지. 다리 밑 거지네 거지야. 그래, 모르겠다. 오두막을 짓든 육두막을 짓든.

나 혼자 토이 백화점 다녀온다. 신상 사와도 탐하지 마라. 오는 길에 제일 거지 같은 사과 박스 있으면 특별히 기부할게. 냄새 많이 나는 걸로!"

세 시간쯤 흘렀을까, 백화점에 다녀오니 거실에는 어느 집에서 냉장고 바꾸면서 내다버린 대형 종이 박스가 '실내 미니 바다 낚시터'로 변신해 있었고 미역, 다시마 등이 비린내를 내면서 널브러져 있었다—.

중고나라 사기당했다고 맘고생하지 말자 : 범죄 없는 나라는 없다

들어는 봤나? 경찰서 진술방

"안녕하세요. 한선유 씨 맞으시죠?"

"네? 네—."

"신분증 주고 여기 앉으세요. 네 맞네요. 우선 이거 먼저 작성해 주세요. 작성하시면서 궁금한 사항이 있거나 모르는 거 있으면 질문해주시고, 저도 보면서 설명해드리겠습니다."

아무런 동정이나 감정은 없었다. 드라마에서 보던 형사들처럼 무섭게 생겼거나 근육이 '투뿔(++)'은 아니었다. 그냥 이곳의 분위기가 너무 차갑고 싫게 느껴졌다.

여기는 파주 경찰서 사이버 수사과 1층 별관, 기억 자로 꺾어 세 번째 방 어딘가. 벌써 이곳이 두 번째다.

'으이구 생전 안 사던 책을 산다고 할 때부터 알아봤어. 그럼 그냥 서점 가서 사거나, 요즘 중고 서점도 많은데…… 하필 그 시간에 덥석 입금부터 했을까? 그리고 미련하게 일주일 내내 의심조차 없었으니, 쯧쯧……. 학교에서 애들한테 낯선 사람 조심해라, 믿지 마라, 백날 천날 애들 앞에서 그렇게 잘난 척하더니 아주 꼴 좋다. 니가 열 살짜리 애들을 가르친다고? 너만 잘하면 세계평화일 듯.'

내 안의 또 다른 내가 나를 쥐어박았다. 그러자 또 다른 내가 대뜸 대꾸했다.

'조용히 안 해? 내가 애 낳고 돈 좀 아껴서 더 잘살아보겠다고. 짠하지 않아? 그리고 그 책 그렇게 완전체 전집으로 사기 얼마나 힘든지 알아? 한정판이라고. 살다 보면 실수할 수도 있는 거지. 그동안 좋은 것도 저렴하게 많이 사고팔았잖아. 결과는 잘못됐지만 나도 황당하고 무섭고 힘들고 괴로웠다고…… 꺼져!!'

"한선유 씨!"

"네? 네!"

"빨리빨리 결정해주셔야 제가 진행할 수 있어요."

"네, 죄송합니다."

"그럼 특별한 조건 없이 합의하신다는 거죠? 법적인 처벌 원하시는 거 없다는 거죠? 처벌 원하시면 지금 말씀하셔야 합니다. 하긴 초범이니…….”

“……네.”

“그럼 여기여기 서명하시면 사건은 마무리됩니다. 네이버 아이디는 당분간 사용하지 말거나 아예 다른 아이디를 만드시거나 하는 게 좋을 겁니다. 그 부분은 네이버에 전화해서 처리하시고요. 피해자가 자그마치 30명이 넘어요. 이런 새끼는 정말…….”

“그럼, 수고하세요.”

휴~.

쇼핑권 박탈이다!

내가 경찰서에 간 것은 중고 거래로 사기를 당했기 때문이다. 내가 아이한테 읽어주고 싶은 전집 시리즈가 있었는데(자그마치 3년 뒤에 필요한 책을) 새것으로 사기에, 중고로 사기에도 비싼 시리즈였다. 그래서 오매불망 중고나라에 키워드 알람 등록을 해놓고 기다리던 중, 띵동! 그 물건이 아주 저렴하게 나온 것이다. 가격도 엄청 싸게. 원래 새 거는 100만 원이 넘고 중고 가격도 60만 원대가 넘는데 자그마치 32만 원에 나오다니. 오호 쾌재라! 망설임 없이 내가 1타로 계좌번호를 받아 총알같이 송금했다.

아싸! 이게 얼마를 절약한 거야? 자그마치 두 달 분유값을 벌었다는 나의 알뜰살뜰한 살림 실력에 만족스러웠다.

그런데 하루가 지나고 이틀이 지나고 일주일이 지나도 물건이 오지 않았다.

엊그제까지만 해도 분명히 문자로 포장했다고, 부친다고 답변이 왔었다. 나는 전혀 의심하지 않았다. 이래 봬도 중고 거래 가입 경력 4년 차인데.

그런데 열흘이 지나서야 알았다. 이게 바로 중고 거래 사기라는 것을. 소름이 돋으면서 날아간 내 돈이 아깝고, 재차 삼차 확인하지 않은 나 자신이 한심하고 그리고 여하튼 내가 범죄 사건과 연루되어 있다는 것이 무서웠다.

112에 전화를 걸었다. 내용을 설명하니 동네 경찰서 관할이 아니니 파주 경찰서 사이버 수사과로 내방하여 고소장인가 피해소장인가를 작성해서 신고하라고 했다. 범인을 잡을 수 있을지, 피해 금액을 보상받을 수 있을지는 모른다고 하였다.

남편은 그냥 좋은 경험했다고 생각하고 신고하지 말고 넘어가자 했는데 평상시에 정의감 1도 없던 나는 무슨 소리냐고! 다른 피해자들도 있을 텐데 범인 잡아서 보상받을 거라고 큰소리쳤다(속으로 덜덜 떨면서).

결혼 전에는 중고나라를 이용할 일이 많지 않았다. 가끔 한번 입은 옷이 아까워 두어 번 팔아본 게 전부였다. 그런데 육아를 시작하면서 필요한 장비들이 너무나 많아서 다 사려면 돈이 너무 많이 들었다. 그리고 주변에서 아이 용품은 금방금방 필요없어지니 대여하거나 중고나라로 사고팔면 좋다고 엄청 강추했었다. 환경도 보호하고 물자도 절약하는 훌륭한 사이트라고 생각했다. 1,800만 회원수가 이를 증명하고 있지 않은가! 그런데 이렇게 부작용이 있을 줄이야.

더 큰 금액을 사기당하지 않은 사실에 감사해하며, 그래도 금액을 떠나 다시는 이런 경험은 안 하게 해달라고 기도했다.

그래도 중고거래를 손절하지는 않으리라!

필요한 사람에게 필요한 물건을 저렴하게 줄 수 있고, 나는 버리지 않아도 되므로 환경적으로 또 도덕적(?)으로도 좋은 거래 방식이라 생각한다. 돈도 조금 생기니 요긴한 건 덤이다.

하지만 아이 키우느라 힘든 육아족에게 이런 식으로 발품을 팔게 하다니 아니 될 말이다. 누구든 속는 일이 있어서는 안 되지만 한창 힘든 육아족이 이런 일로 맘고생하지 않았으면 좋겠다. 악덕(?) 중고업자를 잘못 만나면 연락 두절에 반품도 안 되어 그대로 쓰레기 처리를 하게 될 수도 있다. 때로는 배송 도중 파손된 물건을 받은 경우도 있지만, 하소연할 데가 없어 손해를 고스란히 감수한 적도 있다.

자원도 절약하고 주머니도 절약하는 중고 거래. 안전하게 이용하려면 안전 장치가 마련되어 있는 사이트와 신뢰도가 높은 사이트를 이용하거나 좁은 범위의 지인 사이의 중고 거래를 추천한다(솔직히 고르고 골라 큰맘먹고 산 것들이 어느 한구석에 방치되는 것보다는 빨리 처분하는 게 현명한 일이라고 생각한다).

알뜰살뜰 쇼핑도 우리 육B족에게는 어울리지 않나 보다. 그날 이후 육아 쇼핑권은 박탈되었다.

"남편! 그게 왜 내 잘못이야? 그리고 범죄 없는 나라, 봤어?"

아무리 항변해도 박탈당한 내 쇼핑권은 한동안 돌아오지 못했다.

들통 이유식에도 무지개똥이 뜰까? : 요즘 누가 이유식 해 먹어?

이유식도 빼앗아 먹는 게 꿀맛

요즘 대세는 아이 주도 이유식! 그런데 우리 집은 아빠 주도 이유식이다. 그런데 맛있다. 특별히 간을 세게 하거나 무언가 기교를 넣지 않은 그 순수한 맛. 내 아이가 가장 크게 벌린다고 벌린 그 똥꼬입으로 들어가는 음식을 보면, 나는 배가 부른 것이 아니라 아이 먹방에 더 배가 고파 빼앗아 먹고 싶어진다. 그런데 이유식을 주문하면 양이 너무 적다. 유기농은 양이 더 적다.

'아니, 엄마 것도 보너스나 패키지로 보내줘야지. 라면 먹을 생각이 없다가도 옆에서 라면 먹으면 결국 한 입 빼앗아 먹고 싶은 법 아

닌가?'

양이 적은 그 이유식이 너무 탐난다. 처음엔 밍밍한 것 같더니 그간에 나도 적응이 되었다. 그리고 그 이유식이 밍밍하면 한 수저 떠서 김치 올려 먹으면 꿀이다. 이런 나를 남편은 이해 못 한다. 아무리 철이 없어도 아기 것을 빼앗아 먹느냐고 구박한다.

오늘의 이유식 메뉴는 뭘까?

"남편 남편, 오늘 우리 아기 이유식은 뭐야?"

"소고기 다져서 단호박과 브로콜리 넣을까? 단맛으로 사과 좀 넣고. 오늘도 우리 예쁜 나의 공주님, 무지개똥 만들어야지."

'탁탁탁 후르륵 탁.'

오늘따라 남편의 능숙한 난타급 칼놀림 소리는 너무나 경쾌해서 내 혀를 설레게 만든다. 칼질할 때 엇박으로 튀어나오는 저 힘줄이 멋진데(역쉬 피트니스 센터 보낸 보람이 있군. 가정에서도 일 잘하는 직원의 복지는 신경 써주어야 한다).

"와, 맛있겠다. 나두 나두. 소고기죽에는 열무김치 얹어 먹어야지. 내 반찬 세팅부터 한다. 내 똥도 딸처럼 예쁜 무지개똥 나오겠지. 나오면 자랑해야 하나요?"

헉—.

아기는 작은 반 그릇, 나는 대접으로 두 그릇 먹어 치운다.

"와~ 우리 딸 좋겠다. 맨날 이유식이 라이브 메뉴잖아."

"내가 라이브 요리하는 거 너 때문이야. 네가 내일 것까지 다 먹어버리면 어떡해? 유기농 가게에서 장 봐서 재료 양도 적어. 숟가락 좀 그만 얹어. 애 숟가락 보다가 네 숟가락 보면 국자야. 세상에, 우리 아기 쪼금 먹는 이쁜 모습 보다가 너 먹는 거 보니까 무섭다. 그러다가 국자까지 먹겠어. 제발 이제 넌 네 밥 먹어. 너는 이제 튼튼해서 농약 잔뜩 든 거 먹어도 돼요. 지금보다 더 살면 그러다 300살까지 산다. 인류를 위해서 그러면 안 돼애~."

"내가 빼앗아 먹고 싶어서 빼앗아 먹는 게 아니라, 혹시 식중독균이나 대장균 같은 나쁜 균이 들어 있는 음식일까 봐. 먹고 탈 나면 큰일나잖아. 그래서 내가 테스트하는 거라고."

"아니, 무슨 테스트를 애는 반 그릇만 주고 너는 대접으로 한 사발 먹냐? 거기다 리필까지."

밥심맨의 병가, 대체 인력이 없다

그러던 우리 집 요리사가 갑자기 병이 났다. 한밤중에 병이 나 입원해서 며칠째 병가 중이다. 멀쩡하던 남편은 갑자기 열이 펄펄 끓더니 전날 새벽에 급기야 입원했다. 병명은 A형 간염. 요즘 3040 세대에서 한창 병이 유행이란다. 적어도 두 주는 입원해서 간 수치를 내려야 한단다. 가슴이 덜컹 내려앉았다. 간 수치도 안 좋고, 콜레스

테롤 수치도 높고, 피부도 아토피 있고, 게다가 통풍까지 있다고 했다. 매일 채소에 한식 위주로 먹고 술 담배 안 하고 일주일에 세 번 피트니스에 테니스, 골프까지. 병원 가면 의사 선생님이 놀라는 사람 아닌가? 그런 생활을 하는 남자가 있냐고. 거짓말하지 말라고. 그런데 정말 그런 사람이다.

인스턴트, 튀긴 거, 기름진 거 멀리하고 채소, 잡곡 즐기고 한식 좋아하고, 힘 좋은 밥심맨인데. 술 담배 안 하고 꾸준하게 운동하고 직업도 안정적이고…… 그런 건강맨인데…….

의사 선생님은 남편의 상태를 의아해하며 혹시 스트레스를 많이 받느냐고 물었다. 순간, 남편과 의사 선생님의 눈이 나를 쳐다본다.

탕— (묵비권 행사. 헌법 제12조 2항).

아무튼 우리 집에는 남편의 대체 인력이 없다. 남의 집도 그렇겠구나. 당장 살림이야 며칠 버티면 되는데 밥은 삼시 세끼다. 이유식은 거의 다섯 번도 먹는다. 비상시국이다.

당장 애를 어떻게 하나? 오늘 저녁부터 당장 이유식이 없는데, 물에 말아서 김치에 먹으라고 할까? 라면을 끓여서 한두 젓가락 헹궈서 먹이면 안 되나?

어쩌지, 어쩌지? 남편 없이 큰일이다. 이유식 주문해야 하나? 당장 오늘 배송이 안 되잖아? 양도 너무 적어서 나는 배가 고플 텐데. 내 배 고픈 게 더 걱정이긴 하네.

이번 기회에 이유식에 도전해봐야겠다. 비록 백종원의 피지컬은 없지만 언제까지 Mr. White에 기댈 것인가? 밥심맨이 없어도 어깨너머로 배워놓은 무지개똥 이유식! 그까이꺼 대충 부셔서 때려 넣고 푹푹 끓이면 우리 집이 이유식 맛집 되는 거지 뭐.

잠깐, 뭘 넣더라? 남편이 늘 우리 딸 무지개똥, 무지개똥 이유식이라고 노래 부르면서 했지. 생협에서 사온 일곱 가지 채소를 넣는 것 같았어. 오케이. 최대한 잘게 썰고 밥 넣고 끓이면 끝.

그런데 채소가 썰어도 썰어도 작아지지도 않고 양이 엄청 많다. 도마에 넘쳐 주체를 못 하겠다. 이상하네. 양이 이렇게 많지 않았는데…….

아무튼 딸의 무지개똥을 위해서 열심히 서툰 칼질을 한다. 서그덕 서그덕, 소리도 영 다르다. 딸은 불안한 듯 식탁 의자에 앉아 의심의 눈으로 감시한다.

"넌 엄마를 볼 때 아빠를 보던 눈으로 보란 말이야. 네모낳게 뜨지 말고. 엄마가 맛있게 해줄게. 그리고 아빠 없는 동안은 공주 아니야. '소공녀'의 새라 알지? 물론 민친 교장 선생님처럼 나쁜 사람 아니야. 엄마가 특별히 장작을 패라거나 물을 길어오라고는 하지 않을게. 대신 가급적 똥은 하루에 한 번만 싸주길 바라. 낮에 커피 안 먹었지? 한 텀에 자야 돼. 나도 너랑 단 둘이 있는 오늘 밤이 무섭다."

내가 들통에 뭘 끓인 거야?

휴~ 이제 다 썰었다. 일곱 가지 재료가 산더미다.

빨강 소고기, 주황 당근, 노랑 파프리카를 비롯해 시금치, 호박, 브로콜리 등 밥까지 넣어 끓이는데, 이게 계속 물을 먹으면서 불어난다. 이거 큰일이다. 넘치면 가스레인지 일주일 동안 말려야 한다. 그 정도는 예측할 수 있는 여자다.

생각해보니 엄마가 산후조리할 때 미역국을 한 솥 끓이던 풍년 스티커도 안 뗀 들통이 기억났다. 여러 가지 채소를 넣고 밥을 넣고 물을 충분히 넣었더니 들통으로 하나다. 역시 나는 들통 곰탕의 후예였어! 많긴 많다. 우리 집 애 기준이면 100명도 넘게 먹겠는데? 그래, 양이 많으니까 한 시간만 더 푹 끓이면 우리 아가 무지개똥 나올 맛있는 이유식이 나오겠지.

한 시간 후 구수한 냄새가 퍼진다. 야호, 드디어 나도 세 시간 만에 저녁을 먹을 수 있겠구나. 우리 아가 배고팠지, 야미야미 하자. 짜잔~!

뚜껑을 여는 순간.

헉! 우리 아기 무지개똥 나올, 남편이 만들던 그 예쁜 알록달록 이유식은 없고 윽. 이거…… 또…… 똥 아니야? 거무튀튀한 초록색 똥이…… 들통으로 한가득이다. 혹시 몰라 맛을 살짝 보니 쓰다. 웩—.

유채(화)인 줄 알았더니 이 녀석들이 수채(화)였던가…….

애는 배고파 울고 어떡할 줄 모르겠는 나는 결국 아이를 안고 무조건 입원해 있는 남편 병원을 향해 달린다. 전화 통화를 하면서.

"남편, 이상해, 우리 아기 이유식이…… 엉…… 엉……."

"아구야, 그 많은 시금치를 다 넣었어? 아기 반그릇 이유식에 시금치 한 단을 다 넣는 여자가 어디 있냐? 그리고 채소는 쌀을 볶다가 양을 봐가면서 조금씩 넣어야지. 밝은 색 채소 조금, 진한 색 채소 조금, 이렇게 색깔 봐가면서. 아무튼 도착해서……."

"아 잠깐, 남편, 끊어봐!"

뚜뚜――.

병원 정문 앞에 늦은 시각까지 불이 환하게 켜져 있는 '○죽' 가게가 보인다. 쇼윈도 사진 속에는 남편이 만들던 그 예쁜 모양의 이유식이 있었다. 문을 열고 조심스럽게 들어서서 아이랑 안고 자리를 잡는다.

"저기…… 혹시…… 이 죽, 아이도 먹을 수 있을까요? 좀 싱겁게……."

"아, 새댁. 아직 몰라? 여기 이유식용 메뉴도 따로 있어. 그리고 미리 말하면 어른 메뉴에 간만 안 해서 만들어줄 수도 있어요."

"아 그래요? 휴~ 그럼 이거 애 밥먹을 때까지 계속 먹여도 돼요?"

"그럼 당연하지. 나도 내 딸 아기 키울 때 이거 매일 사위 편에 보냈구만. 얼마나 잘 먹고 튼튼하게 자랐는지 몰라. 아직 몰랐어? 젊은 엄마들 다 이거 먹이지, 힘든데 누가 이유식 해 먹여?"

오~ 우주님. 감사합니다.

"남편, 나 이유식 해결했어. 나 이유식 만드느라 너무 힘드니까 집에 가서 쉴게. 이유식 아무것도 아니네. 내일 얘기하자. 푹 쉬고 빨리 나아. 담부턴 이유식 끝날 때까지는 아프지 마. 알았지?"

적성 vs 비적성 배틀그라운드 : 어차피, 결국엔 라면 먹게 되어 있다

마음은 프리다 칼로, 현실은 똥손

방구석에서든 미술관에서든 그림 보기를 좋아한다. 그림 싫어하는 사람은 없겠지만 나름 적극적으로 좋아한다. 그림은 다 좋다. 아마 게으른 성격 탓일 거다. 부지런한 인생 살기에 비적성인 나에게도 취미는 있다.

모든 미술관은 주차장이 잘 되어 있고, 이 취미 생활하는 데 큰돈도 들지 않으며, 필요한 것은 두 눈밖에 없다. 뮤지컬이나 연극 영화처럼 표를 미리미리 예매하지 않아도 웬만한 작품 전시회는 보고 싶은 만큼 충분히 볼 수 있다.

주의력 결핍 장애에 폐쇄공포증이 있는 나는 뮤지컬이든 영화든 연극이든 러닝타임이 부담스럽다. 아주 마음을 크게 먹어야 한다. 그러나 미술관은 얼마든지 러닝타임을 조정할 수 있다. 연주회처럼 박수를 언제 쳐야 할지 긴장하지 않아도 되고, 뮤지컬처럼 인터미션에 맞춰 화장실을 가지 않아도 된다.

남편은 그림 좋아하는 나에게 자꾸 그림을 그려보라고 권한다. 그만큼 봤으면 나올 때가 되었다고. 좋아하는 작가를 정해서 배우란다. 포트폴리오 시도해볼까?

결과는 도저히 눈 뜨고 못 보겠다. 누구냐, 넌?

마음은 프리다 칼로(Krida Kahlo)인데 현실은 똥손이다. 소울이 똥이다. 적성과 안 적성. 이것은 나라는 인간을 가름하는 커다란 가늠자다.

결혼, 연애, 육아, 책쓰기…… 또 무엇?

첫째, 연애는 즐거운 생활이다.

슬러시 아이스크림을 추운 날 선선할 때 먹는 처음 한 입, 그 느낌이다. 데이트를 하기 위해 백화점을 100바퀴 돌고, 그 옷에 맞는 분위기 좋은 커피숍에 가서 차를 마시며, 각자의 '헤이' 구글링을 하고, 해질녘 신촌 야외 테이블에서 일산화탄소와 함께 연탄불에 구워 먹는 갈빗살은 연인들의 시간을 뿅 가게 만드는 한시절의 찬란한 기뿐이다. 그것이 바로 연애의 사생활이다. 밤새 부르던 노래방에서의 가창은 시원하다. 세상엔 단 둘만의 즐거움이 전부다.

둘째, 결혼은 바른 생활이다.

남편하고 따라오는 옵션들은 따질 것도 지켜야 할 것도 많다. 각종 경조사의 의례를 지켜야 하고 언어도 때와 관계, 장소에 맞추어 조심해야 한다. 철수야 안녕으로 시작하는 교과서처럼 아침이면 시댁 식구한테 때에 맞춰 인사드려야 한다. 가족들한테 착하게 보여야 하고 반듯한 생활을 하여야 한다. 경조사, 명절 등 지킬 것이 너무 많다. 착한 며느라기가 되기 위해 약간의 바른 척하는 생활이 필수라면 필수.

셋째, 육아는 슬기로운 생활이다(사회+과학).

우유를 정확하게 타야 하고, 시간에 맞춰 정확하게 재워야 한다. 어울리고 싶지 않은 엄마일지라도 내 아이 친구를 만들어주기 위해서는 사회성을 발휘해 마음에도 없는 "아기 몇 개월이에요? 아이가 누굴 닮아 이렇게 순하고 예뻐요?"로 시작하는 립 서비스 사회생활을 해야 한다.

넷째, 책쓰기 비적성, 독서 적성이다.

〈섹스 앤 더 시티〉에서 캐리는 글 몇 편을 쓰면서 살아간다. 저렇게 글 몇 편을 쓰면서도 그 비싼 뉴욕 아파트의 월세를 내고 마놀로 블라닉 구두를 시도 때도 없이 사고, 멋있는 빅도 만나는데. 나는 세련된 칼럼하고는 거리가 멀다. 삶이 〈체험 삶의 현장〉 그 자체이기 때문에 구두는커녕 운동화를 신고 뛰어다닌다.

그래도 한 계단 내려와 요시타케 신스케처럼 사소하지만 매력적인 이야기를 쓰는 그림책 작가가 되고 싶었다. 소설처럼 기승전결에 얽메이지 않고 에세이인 듯 동화인 듯 우화인 듯 만화인 듯한 표현을 하는 그림책 작가가 되고 싶었지만 단 한 줄도 쓰지 못했다. 한 줄만 써도 아름다운 동화가 아니라 시트콤이 되어버리고 마는 탓이다. 그냥 이 세상 모든 책을 읽을 때의 행복함은, 쓰지 않아도 되는 부담감이 없을 때 생기는 편안함이 적성인가 보다.

그나마 워킹맘 적성, 쿠킹맘 비적성

아이를 등에 업은 엄마가 갈 수 있는 길은 두 가지 길밖에 없다. 아이를 내려놓고 일을 하러 가거나, 가정에서 아이를 돌보는 길. 나는 선택의 갈림길에서 아이를 내려놓고 직장을 선택했다. 그나마 매일 8시부터 6시까지 여덟 시간의 근무시간이 정해져 있고 그것에 대한 금전적 보상을 받는 시스템이 합리적이라 생각되었기 때문이다.

그런데 나의 착각이었다. 일만 하는 것이 워킹 맘이 아니라 일은 메인으로 하고 육아라는 것에서도 자유로울 수 없는 것이 워킹 맘이라는 사실을. 그럼 워킹 맘만 억울할까? 육아를 선택한 길도 똑같이 억울하다. 육아에만 집중하는 것이 아니라 살림이라는 더 큰 녀석을 키워야 한다. 삼시 세끼는 기본이다. 또 재테크라는 심리적 부업도 은근히 따라온다.

이유식에서 벗어나 일반식을 먹는 아이를 위해 우리가 대충 끓여 먹던 라면을 줄 수는 없다. 내 밥 한 끼 차려 먹는 일도 귀찮고 힘든 극도의 '나' 사용 + 극도의 미니멀리즘인데 아이 음식이 큰 일이 아닐 수 없다. 그리고 이미 절반을 살아낸 나의 몸은 여러 불순한 인스턴트 식단으로 많이 망가져 있을 것이다. 그렇지만 이제 새로운 음식으로 몸을 세팅해야 하는 우리 아이에게 좋은 음식을 넣어주고 싶은 마음은, 철없는 엄마일지라도 가득하다.

아이가 없는 2인 가족은 저녁밥만 해결하면 된다. 저녁은 퇴근 길에 만나 주로 해결한다. 여유 있는 날은 맛집을 찾아가 해결하고 바쁜 날은 근처 상가에서 해결한다. 비용 대비, 맛 대비, 시간 대비 훌륭한 음식점들이 많이 있다. 그러나 3인 가족이 되고부터는 집밥을 해 먹어야 한다. 우리가 즐겨 가는 음식점은 주로 맵고 짜고 달고, 게다가 연기 나고 시끄럽고 소란스러운 특징을 가지고 있기 때문이다.

남편은 특별한 꼬마 손님을 위해 딸이 좋아하는 캐릭터가 있는 작은 어린이용 그릇을 준비하고, 주방장 추천 메뉴 '맘마'를 만들기 시작한다.

OPEN '파파있쓰'

'파파있쓰' 음식점은 메뉴가 다양하다. 주인장이 장보기와 칼질이 능숙하고 부지런해서 모든 요리는 즉석 라이브로 이루어진다. 공장에서 만든 음식을 좋아하지 않는다. 고기도 구워주고, 국수도 해주고, 각종 부침개부터 심지어 생선 요리도 가능하다. 후식으로 바나나, 딸기와 요쿠르트를 넣은 과일주스까지.

'맘데리아' 집은 '파파있쓰'가 문 닫는 날만 오픈한다. 경쟁이 안 되기 때문에. 설거지 인력이 없어 일회 용기에 담아진다. 맘데리아는 공장에서 표준화된 매뉴얼로 만들어진 음식을 선호한다. 나름 자칭 맛집이므로 단일 메뉴 하나다. 세상 가장 흔하지만 단 하나뿐인 볶음밥. 패스트푸드 볶음밥 전문점이다(주재료만 바꾸면 가장 쉬운 완전 음식이기도 하다).

가끔 파파있쓰가 문을 열 수 없는 날, 맘대로 하는 맘 셰프는 칼질 한번에 부엌이 초토화되므로 칼질이 필요없는 볶음밥만 해야 한다. 셰프에게는 바른 먹거리가 있다. 방금 냉동실에서 꺼낸 신선한 냉동 볶음밥에 햇반 한 공기만 추가해서 볶으면 끝.

이렇게 나름 열심히 딸을 위해 파파있쓰, 맘데리아가 메뉴를 개발하고 성업하지만, 아이를 어느 정도 키우면 알게 될 것이다.

"오늘 제일 맛있는 맘마 먹을까? 우리 딸 뭐 먹고 싶어?"

그러면 나오는 대답은 단연코 이거라는 것.

"나? 라면!"

서울에서 유럽식 육아는 무슨: 얼룩말은 아프리카에 산다

내가 사랑한 사례남

사례 1

"혹시, 고향이 어디래요?"

"저요(설마 모르겠지)? 당연히 서울이죠."

"네? 에이, 왜 그래요? 딱 봐도 나랑 같구만."

"어디신데요?"

"저기, 강원도하고도 한참 더 들어간 시골 골짜기래요. 맞지요?"

사례 2

"혹시 한국말 할 줄 알아요?"

"네? 저요?"

"어? 한국말 잘하네. 한국 사람인가? 아닌가?"

"네. 한국 들어온 지 얼마 안 됐어요(자주 듣다 보니 농담이 나온다)."

남편은 저 일 말고도 태생과 국적에 관한 한 다종다양하고 숱한 사례를 갖고 있다. 테니스를 좋아해서 여름만 되면 바닷가에 안 가도 매우 진해진다. 다문화 행사 구경하러 갔더니 코너를 진행하는 동남아 쪽 외국인인 줄 알고 고향을 물어오는 일 정도는 껌.

그 '이국적인' 남자는 저기 먼 시골, 6.25전쟁 때 사람들이 전쟁 난 줄도 모를 것 같은 깊은 산속 옹달샘이 있는 시골에서 태어난 된 장남이다. 어린 시절을 타잔처럼 숲에서 들로 뛰어다니며 자랐다. 여기저기 산을 타고 내려오면 부모님 농사 짓는 것을 도와드렸다고 한다. 전쟁만 안 겪었지, 한참 전 옛날 사람이다. 추정컨대 50년대 환경인 것 같다. 자연에서 자라고 나서 그런지 성품이 착하고 부지런하며 웬만한 일은 참고 양보한다. 도시 여자 만나 등본 주소 상승하는 게 소원이다. 세상에 힘든 일은 없다.

그 이국남의 여자는 in 서울 출신으로 부모님을 포함한 모든 친척이 서울이다. 자연 속으로는 가볼 일 없던 도시 촌년이다. 태어난

건 격동의 70년대인데 생각하는 것이나 가치관은 밀레니얼 세대라 우긴다. 근본 성품이 못되고 이기적이며 배려할 줄 모르고 남 탓 좋아하고 어지간한 일은 의지하며 게으르고 아주 작은 일도 못 참고 힘들어한다. 한평생 돌봐줄 보호자를 구한다.

너무 다른 이 두 사람이 만나서 그런 것인지 된장남이 참아주는 건지 그래서 별로 싸울 일은 없다. 사랑해서 그런 건지 살아가야 해서 그런 건지 나는 잘 모르겠는데 가족들이 남편의 인품은 상위 3%, 여자는 하위 2%라 했는데…… 그것이 알고 싶지 않다. 내 딴엔 요즘 내가 참고 산다. 진실은 눈꺼풀이다. 볼 수 없다.

도시 촌년 아가씨는 시골 된장남의 이국적 매력에 빠지게 되었다. 그래도 외모 개선은 절실히 필요했다. 외모가 이국적이면서 깊은 시골의 맛이 나다 보니 옷을 좀 예쁘게 입히고 싶었다.

"오빠, 돈 있어? 돈 다 줘봐. 돈 없으면 나, 오빠 안 만나는 거 알지? 내가 오늘 댄디맨으로 변신시켜줄게."

남자 옷 비쌀 필요가 있을까? 저렴이 옷 가게에 갔더니 얼굴도 저렴이가 되어보였다. 그냥 딱 시골이다. 아, 이 외모는 저렴이를 입으면 안 되겠다. 근육을 살리기 위해 강한 무늬를 입었더니 조폭 꼬붕 같다. 뭘 입어도 따로 논다 'ZARA' 매장 옷을 입혀보는데 팔다리가 심해도 너무 심하다. 아무리 기다려도 안 나온다. 숨은 그림 찾기다. 그나마 수십 번 피팅해본 결과 줄무늬 셔츠가 무난하게 어울리

는 것을 발견했다. 시선이 얼굴이나 짧은 팔다리로 가는 것을 강한 줄무늬가 막을 수 있다. 그 후 쇼핑에 보람을 얻지 못한 나는 브랜드의 줄무늬 셔츠만 사기 시작했다.

그렇게 그 남자는, 얼룩말 남자로 다시 태어났다.

유럽 얼룩말, 사바나에 사나?

스포츠의 실력은 운동복에서 갈린다. 고수와 하수의 옷은 다르다. 옷을 보면 구력과 실력의 차이가 비례한다. 육아의 세계에서도 작업복은 매우 중요하다. 북유럽 육아는 우선 의상부터가 북유럽 스타일이다. 북유럽풍 아이 옷 사이트에 들어가면 다들 무채색에 줄무늬 혹은 땡땡이 무늬에 앞치마부터 아이 속싸개, 우주복까지 온통 스트라이프다. 어쩔 수 없이 아이 옷도 줄무늬가 많아진다. 남편은 얼룩말은 아빠 한 마리면 되지 않느냐고, 아이만이라도 자유롭게 총천연색의 곡선을 입으면 안 되냐고 투덜대지만 프랑스 육아는 단호하다.

큰 선, 작은 선, 얇은 선, 굵은 선, 검은 선, 흰 선, 회색 선. 스트라이프의 세계는 무한하다. 가끔 벽지랑 한 몸이 되기도 한다(스트라이프 옷을 입고 옵티컬 아트 작품이 되거나 빗살무늬토기가 될 수 있음 주의). 스트라이프 티셔츠를 입고 낮에는 스트라이프 러그에서 뒹굴고 밤에는 줄무늬 침대 시트에서 한 줄로 잔다. 엄마인 나? 출생부터 말띠다.

이렇게 지브라(Zebra) 가족이 탄생했다.

아빠 얼룩말

학명 : Equus grevyi(그레비얼룩말)

보존 상태 : 이 바닥 말근육

길이 : 상체만 자라 많이 짧다.

영양 단계 : 초식성

엄마 얼룩말

학명 : Equus quagga(사바나얼룩말)

보존 상태 : 술을 좀 먹어 곯았다.

생식 : 한 번에 한 마리 낳음. 기가 막힘

길이 : 말해 뭐해. 비율이 좋다.

영양 단계 : 육식성, 맛집성. 간식주의자

아기 얼룩말

학명 : Equus grevyi + Equus quagga = 한마디로 MIX

보존 상태 : 신상이다.

길이 : 몸에 비해 머리가 크고 볼록볼록 3등신. 다리는 많이 짧다.

영양 단계 : 유식성

나중에 알았다. 아니 놓치고 있었다. 얼룩말은 유럽에 살지 않는다. 사바나, 혹은 이남의 아프리카가 주요 서식지다. 유럽에 대한 과한 집착은 결국 아프리카로 마무리되었다.

아, 이 백일을 어쩌자는 말이냐: 남편,김 작가 만들기 프로젝트

살았나, 죽었나, 살았다!

"남편, 남편,

살았나, 죽었나? 살았다!

남편, 남편,

살았나, 죽었나? 살았다!

남편, 남편,

살았나, 죽었나 살았다!! 남푠, 살아 있어! 살아 있다고! 됐다! 자자!"

자다가 수십 번씩 깨우는 생사 확인에 남편은 괴로운 하품을 하며 말했다.

"나 이제 그만 자면 안 돼? 너 깨고 좀 있다 애가 깨고, 나 잠 좀 자자. 내일 출근해야 하잖아. 아침 일찍 스포츠 클럽도 있다고."

"걱정도 안 돼? 어떻게 그렇게 자빠져 편하게 잘 수가 있어? 잠이 오냐!!!!! 나는 걱정돼서 잠을 못 자. 이런 게 모성애야. 들어는 봤는지! 남자한테 없는 모. 성. 애. 이제 알겠지? 화장실 가야겠어."

편하게 자려는 남편을 즈려밟고 화장실로 간다. 고의인 듯 아닌 듯.

잠시 또 자다가 벌떡벌떡 일어나 아이 코에 남편 손가락을 갖다 댄다.

"그럼 분유를 좀 타던가! 그 위대한 모성애인데 왜 내 손을 아이 코에 갖다 대는 건데? 그냥 니 손으로 숨 쉬는지 확인하면 되잖아? 나 잠 좀 자. 자. 고!!!"

"왜 화를 내냐 남편? 못 쓰겠네. 변했네. 신혼 때는 예쁜 아가씨 옆에서 설레여 도저히 못 잔다더니. 나쁜 아재네. 이 좌슥이 순 사기였네. 아니, 혹시 애가 숨을 안 쉬면 어쩌나 걱정돼서…… 근데 혹시 숨을 안 쉬면 어떡해? 그냥 숨을 안 쉴까 봐 불안하고 무서워서 그러지. 즈기요, 아자씨. 혹시 경찰 조사를 받더라도 나는 안전해야지. 마지막 지문 여보야가 조사받고. 나라도 살아가야지."

"헐~ 말이 안 나와. 무엇을 상상해도 넌 그 이상이다. 알았어. 내가 법적인 모든 것은 책임질 테니 잠 좀 자자. 에잇, 잠 다 깼다. 출근이나 빨리 해야겠다."

"할 수 없지. 오늘밤도 애는 살아 있고 남편도 살아서 출근하네. 세상엔 감사한 일들뿐이야! 오늘도 긍정의 힘 알지? 아 참, 남편! 출근하는 건 좋은데 오늘 먹을 애 분유랑 기저귀랑 내 과일이랑 세탁기 예약 세팅해놓고 가. 애 자니까 소리 내지 말고. 잊지 마! 수시로 전화해서 내 안부 묻고 조기 퇴근 항상 준비하고!!"

백일 선물은 내가 받아야지, 안 그래?

이렇게 난리법석을 떨며 애를 보다가 한 달이 넘어가자 언제 생사를 걱정했냐는 듯 다른 방에 가서 코 골며 자는 나를 발견한다. 애가 악을 쓰며 울어도 세상모르게 잠이 쏟아진다. 그렇게 육아의 시간은 흘렀고 어느덧 석달이 되어갔다.

저녁 5시. 깨톡! 어, 남편 퇴근한당.

— 이제 출발. 직장 동료들하고 아기 이야기하다가 다들 백일 사진 찍었냐고 하던데. 우리 안 찍어?

— 왜 나한테 물어?

— 그럼 아기 엄마한테 묻지 옆집 아줌마한테 물어볼까? 아니면 120번 다산

콜센터에?

— 알아서 해. 나 신경 쓸 여력 없어. 피곤해. 빨리 집에 와서 밥 챙겨줘. 애랑 나랑 눈 빠지게 당신만 기다리고 있는 거 알지?

— 우리 마눌님 대단한 거는 알겠지만 이 정도일 줄이야. 이렇게 예쁜 백일 때 설마 사진 안 찍으려는 건 아니지? 보니까 다른 엄마들은 셀프상도 차리고 음식도 하고 떡도 맞추고 난리던데, 우리 딸 너무 불쌍하잖아.

너 결혼식할 때 '스드메' 투어하느라 우리 스무 군데도 넘게 갔잖아. 여배우 아카데미 시상식 옷보다 더 까다롭게 골랐던 거 기억나지? 맘에 드는 애프터 드레스 없다고 결혼 못할 뻔했잖아. 그때 생각하면 아직도 끔찍하다.

— 그럼 기운 뻗치는 아즈씨가 데리고 가서 찍던가. 애 낳느라 머리 다 빠진 불쌍한 마눌님 안 보여? 깊은 뜻을 헤아릴 줄 모르다니. 쯧쯧. 잘 봐. 이제 백일도 안 된 우리 소중한 아가가 낯선 장소에 가서 자기는 뭔지도 모를 사진 찍는다고 종일 시달리는 거. 거기다 분명히 또 옷 벗고 찍는 장면도 있을 거고, 낯선 아저씨가 까만색 대포로 자기를 쏘는 거라고 생각할걸? 난 백일 사진 반대야. 그리고 그 무거운 사진첩들과 액자, 집에 걸어놓는 것도 싫어. 우리가 수달도 아니잖아? 수달은 새끼를 낳으면 이곳저곳을 돌아다니며 자랑하는 습성이 있다는데, 우리가 그럴 거 뭐 있대?

주변 아줌마들 얘기가 백일 사진 찍고 나면 진이 빠진대. 엄청 쉽지 않다더라고. 셀프상? 그거 준비하려고 엄마들이 의상 준비부터 음식 용품에 심지어 제작까지 하는 사람도 있더라. 그런 것 때문에 애를 안 낳으려고 하잖아. 개고

생하거든.

결정적으로 백일 외출에 입고 갈 만한 옷 없어. 맘에 드는 게 없어, 신발도 없고. 애 낳고 나니 패션 트렌드가 너무 많이 바뀌었는데 아직 쇼핑할 여력도 없어. 쇼핑하면서 출산 후 달라진 얼평과 몸평 셀프 자학할 마음의 준비가 안 돼 있다고. 이것이 진짜 이유야.

그냥 남편이 집에서 아이 편할 때 사진 찍어주면 안 돼? 그냥 해. 대충 찍어버리자. 오늘 밤부터 자기야가 백일 전문 스튜디오 사진 연구해서 다음 주에 찍자. 기대하겠어. 그리고 나한테 백일 선물 뭐로 해줄지 10개 후보 뽑아서 고민해야 돼. 알지? 아주 어렵게 고민해야 된다고. 대충 골라오면 지구상에 없는 거 구해야 할 수도 있어. 아, 기대된다.

해피엔딩은 재미없지

백일은 임신 열 달과 생후 석달을 24시간 고생한 여자를 위한 자축 파티를 해야 마땅하다. 아이도 귀찮고 엄마는 더더욱 귀찮은 백일잔치는 어색하고 자연스럽지 못하다. 게다가 아이 동의 없이 사진을 찍어대고, 남편은 그 사진을 자랑하고 싶어 할 테지?

남편은 크고 부드러운 망사와 분홍색 천을 주문했고, 그날 아빠의 눈으로 아이의 백일 사진을 아주 편하게 찍었다. 아이의 허리에 큰 리본을 달고. 바보는 어디 가고 유명한 사진가 '김 작가'로 빙의되어 있었다. 침 흘리는 대머리 아가씨에게 백일을 맞아 쓴 편지는 너무나 애틋하고 감동스러웠다.

그리고 그날 저녁 남편은 주인공인 나에게 장미꽃 100송이와 어렵게 구한 'Coach' 티셔츠를 선물했다. 그러나 역쉬! 해피엔딩은 재미없지. 그 티셔츠는 한정판으로 제작된 것이긴 하나, 슴가 부분이 훤하게 파져 있어서 할리우드 배우나 입을 수 있을 법한 디자인이었다. 이해심 많은 내가 백일이라 참는다!! 따흙(직구 어려웠던 시대임을 감안하면, 이 정도 선에서 해피하게 받아들일 만한 정성이라 생각한다)!

나는 뭘 선물했냐고? 미리 줬잖아요. 백일 전에!

돌맞이 국토 대장정 : 파도야 어쩌란 말이냐

돌맞이 국토 대종단이라니

"압빠— 압빠— 아—압——빠!"

아이와 남편은 서로 미래를 이야기하고(누가?) 늘 함께하며 없으면 서로가 애타게 찾는 눈꼴 시린 상태를 보낸 지 1년이 되어갔다.

아이는 이제 "압빠 압빠" 하며 말을 한다. 레스토랑 가면 어엿하게 유아용 의자를 한자리 차지하고는 거꾸로 메뉴판 보기를 즐긴다. 맛에 관심 있는 나의 맛집 발굴의 피가 벌써부터 유전되어 흐르는 것을 실감한다. 연애 적 '옵빠' 한마디에 지갑에 통장까지 가져다 주더니 '압빠!' 한마디에 근육은 기본, 온 소울을 저 딸에게 다 가져

다줄 태세다. 딸을 어린이집에 데려다주는 길에 출근하고, 딸을 하루 종일 안기 위해 운동하고, 딸을 위해 '압빠'가 되었다.

그런 그에게 1년은, 특히 이벤트 좋아하는 감동맨에게 그 1주년은 얼마나 남다른지. 하루의 돌잔치는 너무나 짧고 아쉬웠나 보다.

딸아이의 '압빠'는 1주년 기념으로 콧노래를 흥얼거리며 둘만의 여행을 짠다. 제주도에서 출발해서 육지의 남단으로, 이어서 아이와 함께 걷다가 아이가 좋아할 만한 곳이 있으면 들르고 쉬어도 보고, 그렇게 해서 마지막 파주 헤이리까지 종단한다는 계획이었다.

무슨 피로회복제 홍보하는 것도 아니고, 아빠의 극기 체험기인가, 돌쟁이 아빠 기념 국토 대장정인가? 지구에 온 지 1년밖에 안 된 아이에게 국토의 속살을 보여주려나(연애 때 남자들은 어떻게 해서라도 여친 데리고 먼 곳으로 여행 가고 싶어 하는데 딸한테도 똑같은 수작을 쯧쯧. 늘 콘텐츠는 단순하고 빈약해).

나는 온 가족 해외여행을 떠나고 싶었지만 남편은 아직 딸이 어려 비행기 오래 타게 해서도 안 되고 의료시설이 낙후된 곳도 안 되고 선진국은 말이 제대로 안 통해 안 된다며 무엇보다 안전빵인 국내 여행을 해야 한다고 외쳤다. 그리고 자기가 태어난 경상도를 자세히 보여주고 싶다나? 무슨 위인도 아니고 뭐람, 대체?

의리로 살자더니, 그냥 나 '을'이 된 것 같은데?

아무튼 나야 이 남자가 딸과 도망가는 것은 아닌지 감시해야 하므로 따라가기로 했다. 지구 끝까지 사수해야 한다. 바지 끄댕이를 잡고 철커덕 철커덕 따라붙어야지.

제주도에 도착하자 남편은 나에게 혼자만의 시간을 준다며 그동안 애썼으니 그렇게 원하는 혼자만의 시간을 보내라고 했다. 이 좌식이 드디어 제주도에다가 나를 분리수거하려고 하나? 찐득이처럼 붙어다녀겠다. 졸졸졸 졸졸졸~.

'혼자 있고 싶은데 혼자 있기는 싫다'가 이 느낌이구나.

이상하게 분명히 셋이 같이 다니는 여행인데 난 혼자 다니는 것 같은 이 외로운 바보 느낌은 뭐지? 저 눈꼴 시린 부녀지간 추억을 간직해줄 사진 찍는 카메라맘이 되었다. 모든 사진에 아빠는 아이를 안고 있고 엄마는 없는 가족 사진이다. 이 좌식이 의리로 살자더니, 그냥 나 '을'이 된 것 같은데? 우리 갑 님 두 분을 위하여 운전도 조심스럽게 하고 스무스하게 주차까지 하면 오늘 장사는 끝이다.

제주도에서부터 튀어나온 나의 입은 헤이리까지 쭈—욱 나와서 지금의 들어가지 않는 슬픈 입이 되었다. 아, 나를 사랑해주던 앨버트는 어디 갔을까? 사랑은 과거형이 되어버렸다. 나의 옛사랑이여~.

이 언니 무셔~

다행히 밤 9시가 되면 남편은 신데렐라가 되어 와인 한 잔을 들고 나에게 온다. 딸이 잠이 드는 시각이다.

"남편 남편, 이제 1년밖에 안 됐는데, 나 기억이 안 나. 어떻게 그렇게 많은 일들이 이 1년 안에 일어났을까? '순삭'이네. 나는 기억이 안 나. 세월이 빠른 만큼 내 기억도……."

다른 지구인들은 못 느끼는 성격의 섹시함을 영혼까지 끌어모아 최대한 게슴츠레 눈을 뜨며 분위기를 잡은 나는 제주도의 푸른 밤을 마시며 푸른 바다 위를 마음껏 노는 기대에 부푼다.

"말은 정확히 해야지. 기억이 안 나는 게 아니라 기억날 만한 일을 한 적이 없어요. 없는 일이 어떻게 떠올라? 왜 갑자기 분위기 잡고 그래? 무섭게. 너답지 않게. 여기 수면제 탄 거 아니지? 나는 내일 우리 딸이랑 다닐 미술관 검색하고 주변에 아이가 갈 만한 식당이 있나 검색해봐야 돼. 피곤할 텐데 어서 씻고 와. 와인이나 한잔하고 자자."

이 좌식은 똘망똘망하다. 집 나간 정신줄을 단디 잡고 놓지를 않는다.

"오늘 밤은 크러시 언니랑 세게 놀까? 나 1년 전에 홍대에서 같이 놀던 그 언니야. 기억하지? 언니 오늘 밤 양화대교 직진한다. 차선 변경 금지다."

황홀한 그 한마디.

남편 기다려라! 그동안 애 낳고 안식년 아니 제대로 '안씻년'이었는데 오늘 귀염 뽀짝 좋은 냄새로, 세상 크러시한 냄새, 여성 호르몬으로 다 홀려버리겠어! 여성 호르몬 월봉 차트 상한가 쳤음! 내가 향기 샤워가 뭔지를 보여주겠어. '어메니티'를 몸의 골목골목 '쳐발쳐발' 한다. 이리도 씻어보고 저리도 씻어보고 머리도 두 번 세 번. 좋은 냄새야? 내 몸을 감싸라. 오랜만에 길게, 아주 길게 샤워를 하고 나왔다. 개운하다. 어으—.

그! 러! 나!

침대 가운데 두 팔 벌리고 대자로 자는 딸바보의 짧고 굵은 허벅지와 더 짧은 다리를 간신히 얹은 그의 딸이 보인다. 코까지 화음 맞춰 세트다. 이미 깊은 램(REM) 수면이다. 제정신이가! 1년 만에 제주도의 푸른 밤을 기대했건만. 코 고는 소리가 창 밖 거센 파도와 같이 내 마음을 친다.

파도야— 어쩌란 말이냐
파도야— 어쩌란 말이냐
임은 물같이 까딱 않는데
파도야 어쩌란 말이냐
날 어쩌란 말이냐

— 유치환의 시 〈그리움〉 중에서

그리움이 아니라 오늘 밤 제대로 굴욕이다(웃픈).

아무튼 오늘 밤 나는 저 둘을 피해 사다리꼴 모양으로 침대 모서리 끝을 잡고 자야 한다. 나는 1년 동안 체력과 마음이 회복되어가고 있었고, 남편은 1년 동안의 피로를 모두 안고 잠들어 있었다. 홍대에서 같이 놀아주던 오빠는 없고 낯선 아재가 쓰러져 있다. 뷔신지…… 여기서 이러시면 안 되지만 갑자기 분위기 측은해진다.

와인을 정리하며 맥주 한 캔을 딴다.

탁! 콸콸콸~~~.

그래, 남편한테는 와인보다, 홍대 언니보다 속 시원한 저 거품 같은 친구의 위로가 필요했을 수도 있겠구나. 트림 한번 시원하게 할 수 있는. 제주도의 푸른 밤을 날린 아쉬운 날이지만, 양화대교를 건너지 못했지만, 딸이 태어난 날이기도 하지만, 내가 엄마가 된 날이기도 하지만!

그럼에도 불구하고…….

딸바보! 그리고 딸! 첫 생일을 축. 하. 한. 다.

돌쟁이와 함께하는 국토 대장정 코스

총 여행 기간 : 계획은 열흘 이상이었으나 아이의 설사로 조기 중단됨

총 이동 거리 : 차로 3,000킬로미터 정도

준비물 : 차 트렁크 가득 쑤셔 넣은 아이 용품. 내 살랑살랑 하와이안 리조트복 따위는 넣을 공간 없었음. 기저귀와 일회용 분유 두 박스 이상

후기 : 무엇을 기대하든 생고생 그 이상. 아빠도 결국 당분간은 여행은 그만가야겠다는 결론. 여행 내내 각 지역의 작은 미술관을 돌아보며 아빠는 큐레이터가 되었다. 원래 목표는 크고 유명한 미술관 투어였는데(아이의 한때 태명이 김그림이었다는 전설) 한창 작품 설명을 할 만하면 아이는 울었고, 아니면 배고파해서 분유를 먹여야 했다. 그리고 그 조용한 미술관에서 아이는 답답함을 느낀 듯 많이 칭얼거렸고 관람객이 한 명이라도 있으면 방해될까 봐 피해서 나오고, 또 들어갔다가 나오고. 그렇게 들락날락하기만을 여러 차례 반복하다가 부모도 아이도 체력 방전. 하필 가는 날이 장날이라고 예의 그렇듯 여행 기간에 걸린 장염으로 아이는 중간에 무한 설사를 방출. 그래서 결국 여행은 중단되었다.

여행 기간 중에도 아이는 무리한 스케줄로 인하여 밤잠을 설친 탓에 야경증(자다가 갑자기 놀라 소리를 지르거나 깨었다가 다시 잠이 드는 증상)이 심해져 예약해놓았던 크고 좋은 호텔들을 취소하고(다른 숙박객들에게 피해를 줄 수는 없었으므로) 급하게 산속 단독 펜션으로 독채를 예약하느라 정신없었다. 비용도 많이 들고 아이와 부모 모두 생고생하는 고비용 저추억으로 여행은 마무리되었다.

4차 육아 시대
흔들리지 않는 편안함
아빠 육아

3장

엄바 육아,
빠(더)마(더) 육아,
원장 육아, 무엇을
선택하든 당신이 옳다

어떻게든 되겠지 : 육아비적성 커밍아웃, 커밍순

육아도 선택의 문제다

1월 1일은 12월 31일의 다음 날이다. 2월 28일 전까지 난 사회에서 앞날이 창창한 골드 미스였다. 그런데 결혼하는 날엔 때를 놓친 나이 든 신부였고(당시엔 그랬다) 임신한 날엔 눈앞이 캄캄한 올드 마미가 되었다. 그냥 나는 하루를 보냈을 뿐인데, 선을 하나 넘었을 뿐인데 골드 미스에서 나이 든 산모 올드 마미로, 심지어 몇 개월 만에는 애 못 보는 불량 엄마가 되었다.

가장 넘기 힘든 그 선, 그 선이 넘어가면 아무것도 아닌 것인데 그 선이 인생을 완전히 달라지게 한다. 그리고 그 선을 넘은 사람과 사건으로 역사는 발전하였다. 육아는 당연히 엄마가 해야 한다. 그것도 잘해야 한다. 그런데 선을 넘어가면 아빠 육아가 기다리고 있다. 단어만 달라졌을 뿐 아무 문제 없다. 비혼과 미혼 그 차이가 나의 선택인 것처럼 엄마 육아와 아빠 육아도 선택의 문제다. 혹은 엄빠 육아든 조부모 육아든.

내가 육아를 선택하면, 내 미래를 아이에게 빼앗긴 것을 후회할 것이다. 내가 일을 선택한다면, 아이에게 조금의 문제가 생겨도 일을 선택했던 냉정한 나 자신을 후회할 것이다. 내가 조모 육아를 선택한다면, 결국 나 아닌 또 다른 여자의 희생에 가슴 아파하며 후회할 것이다.

육아를 선택해보았고 직장도 선택해보았다. 육아를 할 때는 직장에서 뒤처지는 내가 불안했고 직장에 있을 때는 꼼꼼히 못 챙겨주는 내 아이에게 너무 미안했다. 육아도 직장도 선택해본 지금의 나는 어느 하나에 올인하지 못했음에 후회한다. 짬짜면이 절대로 짬뽕 한 그릇, 짜장 한 그릇 먹은 것과 같아질 수 없듯이. 그냥 맛만 본 것이다. '한 그릇 제대로 먹을걸' 하면서 후회한다.

그런데, 후회라는 것을 뒤집기로 했다.

모든 일을 잘할 수 없고 내 아이에게 최고 좋은 엄마로 인정받을 필요도 없다. 직장에서 일하다가 실수하거나 잘못된 결과가 나왔을 때는 주로 크게 낙담하거나 좌절한다. 성실하고 예민한 사람일수록 그런 감정이 크고 길게 간다. '내가 왜 그랬지? 동료한테, 회사한테 큰 피해를 입히다니' 하며 끊임없이 후회한다. 이렇게 반성하는 마음은 물론 중요하다. 하지만 이런 자책은 일을 해결하는 데 도움이 되지 않는다. 이런 감정은 일단 뒤로 미뤄두고 문제를 해결하는 데 집중해야 한다. 미안하고 괴로운 감정은 문제를 해결한 뒤 가장 마지막에 해도 늦지 않다.

둔감하게 키워도 된다

심리 카운슬러 우에니시 아키라는 《둔감력 수업》에서 둔감력으로 인생의 여유를 찾자고 말한다. 둔감력을 지닌 사람은 일과 인간관계에서 사소한 스트레스를 받지 않고 고민하느라 잠을 설치지도 않는다. 그래서 인생이 남들보다 여유롭고 편안하다고 아키라는 말한다.

육아도 둔감하게 하자. 육아가 뜻대로 되지 않고 괴롭고 힘들 때, 능숙하게 하지 못해 아이도 힘들고 나도 힘들다고 느낄 때 찾아오는 울적한 기분, 우울한 기분은 가장 마지막으로 미뤄둔다. 나니까 이 정도라도 하는 것이고 부족한 부분은 아빠가 있으니 아이한테는 분명 차고 넘칠 수 있다. 직장에서 한 번에 승진할 수 없듯이 육아에서도 시간이 필요하다. 저 아이한테 내 인생을 다 걸고 육아에 최선을 다한다고 해도 저 아이는 내 인생을 책임져주지 않는다. 아이와 나와의 거리가 필요하다.

회사가 내 인생을 책임져주지 않을 걸 알기에 목숨 걸고 일하지 않는 것처럼 육아도 나를 괴롭히면서까지 뛰어내릴 것 같은 우울증이 오기까지 하면 안 된다. 그건 목숨 거는 것이다. 아이의 울음을 너무 민감하게 큰일로 받아들이지 않고 나의 마음속 울음을 더 챙겨보려고 애쓴다.

'어떻게든 해야지'보다 '어떻게든 되겠지' 하는 육아

아이랑 하루 종일 있으면 아이와 관련해 '큰일'이 너무 많이 생긴다. 큰일 났어. 초록 똥이 나왔어. 큰일 났어, 애가 잠을 안 자.

내가 풀지 못할 알지 못한 절박한 상황에 몰렸을 때, 예기치 못한 문제가 터졌을 때 급하게 초조해진다. 빨리 해결해야 하는 마음에 기댈 곳은 병원 응급실이다. 막상 가보면 생각보다 해주는 것도 없는데 비용은 두 자릿수가 깨진다(시간이 지나고 나면 별일 아닌 큰일들이 거의 대부분이다). 자연스러운 감정이지만 안달하면 안달할수록 마음만 급해진다. 안달복달하며 조급하게 굴기보다 침착하게 어떻게든 될 거야라고 생각한다. '어떻게든 빨리 해야 돼' 하며 응급실로 달려가는 것보다 좀 무뎌진 채로 기다려본다. "천천히 서둘러라"라는 서양의 속담처럼 조금 느긋해도 생각보다 큰일은 일어나지 않는다.

나처럼 육아가 적성에 안 맞는 엄마가 그럼에도 불구하고 애를 독박 육아로 키우느라 끙끙대면 결국 나는 불량 엄마가 되고, 잘해내지 못하는 내가 원망스럽고, 아이에게 미안하고, 그럼 아이는 그런 우울한 엄마를 보며 자랄 것이다.

나는 처음부터 커밍아웃했다. 나는 육아를 하기에는 너무 진화한 여자라고. 나의 가슴(바스트)과 가슴(하트)은 이미 육아 기능이 퇴화했다. 내 가슴은 모유용이 아니었고, 내 가슴은 내 일을 할 때 더 뛰었다. 내가 육아하기에는 너무 진화한 여자인 만큼 육아 적성으로 진화하는 남편을 만났다. 만약 남편마저도 비적성이었다 해도 난 걱정하거나 자학하지 않았을 것이다. 엄빠 육아도 있고 원장님 육아도 있기 때문이다.

꼭꼭 숨어라 머리카락 보일라. 다 숨었니? 다 숨었니? 다 도망갔니? 나만 남겨놓고? 나만 술래 시켜놓고? 나만 술래 시켜놓고 다 도망갔니? 나하고 같이 술래잡기하자고 할 때는 언제고?

육아라는 놀이에서 엄마만 계속 술래를 할 수는 없다. 맨날 엄마만 술래하냐?

그럼 나 안 해!!!

육아휴직을 결심했다면 : 그 빌어먹을 로망에 대하여

세상은 변하지 않았다

"제가 될 거라고는 꿈에도 몰랐어요. 이렇게 큰 영광을 주심을 우선 하느님께 진심으로 감사드리며 나를 낳아주신 가장 존경하는 부모님께 이 영광을 돌립니다. 사랑합니다. 진짜 아름다움은 외적인 아름다움뿐만 아니라 내적인 아름다움에 있다고 생각합니다.

대한민국 미의 사절단이 되어 세계 평화를 위해 앞장서도록 최선을 다하겠습니다.

오늘 밤 행복합니다."

파랑색 수영복을 입고 사자머리를 하고 세계에 들이대면 세계

평화가 보장되던 그 시절.

장난감 왕관을 쓰고 미미 요술봉을 들고 미스코리아 소감 놀이를 했다. 후보는 단 두 명. 옆집 사는 단짝 친구 J 양. 처음에는 서로 미스코리아 진(眞)을 하겠다고 싸우다가 그럼 다시는 안 논다고 해서 매일 번갈아 가며 진이 된다. 당연히 여자 어른이 되면 그렇게 미스코리아에 나가게 될 것이라는 부푼 로망을 가지고 있었다. 미스코리아 언니들의 키는 이미 부모님 대에 정해진 유전자였다는 과학적 진실은 모른 채 높은 구두에 올라타며 자랐다.

엄마는 미스코리아가 되려면 공부를 열심히 해서 의사가 되어야 한다고 하셨다. 떨어지면 의사 하면 된다고 했다.

동심은 오래가지 않았고 세상은 변…… 하지 않았다. 엄마는 이제 세상은 여자가 반드시 운전을 할 줄 알고 직업을 가져야 하는 때가 왔다고 했다.

엄마에게 공부는 연금술이었으며 만병통치약이었다. 좋은 대학에 다니는 자식을 가진 엄마의 로망에 속아 넘어갔다. 흐흑—.

엄마가 말씀하신 대로 공부를 뼈 빠지게 해서 대학에 갔는데 남자 친구는 안 생겼다. 더럽게 없었다. 그나마 다행인 건 시대가 바뀌면서 대학 시절 여성상에 대한 큰 변화가 있었다는 점. 바로 '엽기적인 그녀'. 아 그래, 엽기적인 여자가 매력적인 거지.

'그래, 나는 엽기. 똘기, 요론 단어랑 쫌 어울리는 것 같아.'

희망이 생겼다. 그런데 나의 착각이었다. 책으로만 읽어서 몰랐는데 나중에 영화를 보고 알았다. 전지현의 외모를 갖춘 상태에서 엽기적이어야 된다는 것.

대학생이 되어도, 머리를 발끝까지 길러도 기네스에 오를 뿐 꽐라되어 지하철을 타도 나는 전지현이 될 수 없었다. 아~ 무 일도 일어나지 않았다. 뜨거운 연애도 가슴 아픈 이별도. 헐—헐—헐—. 시대는 변하지 않았다. 아니, 남자들의 로망은 징하게 변하지 않았다.

호랑이를 잡으러 들어간 호랑이 굴엔 좀비들만!

하버드 같은 천재들 속에서 나는 캠퍼스 퀸이 되고 교문 앞에는 박서준 같은 남자친구가 스포츠카를 대고 기다리고 있어야 하는데, 현실은 오늘도 강의 끝나고 벌건 대낮에 맨정신으로 밥 먹고 집에 가야 한다. '연알못(연애를 알지 못하는)' 친구들은 이대 앞으로 큰맘 먹고 사주를 보러 갔다. 마음 같아서는 굿도 할 판이다. 우리가 공동체 운명도 아니고 이렇게 한꺼번에 없을 수 있냐고.

"이 아가씨들아, 느그들 과에 남자 없지? 그렇게 붙어다니니까 더 안 붙지. 남자 많은 곳으로 가. 물가에 가야 물고기를 잡지. 쯧쯧."

순진한 우리는 사주 아주머니가 가르쳐준 대로 남자들을 잡으러 잠행을 시도했다. 세상에 컴컴한 지하에 젊은 남자 사람들이 떼로 잡혀 있었다. 햇빛도 안 들어오는 지하에 말이다. 피시방이라는 그 이름의 동굴에서는 세상 젊은 놈들이 다 헤드셋으로 머리를 옥죈 채 모니터만 뚫어져라 바라보며 손으로 미친 듯이 키보드만 두드리고 있었다. 주식으로 컵라면만 먹는, 그야말로 희한한 족속들이었다. 못 볼 걸 보고 만 것이다(단군신화에 나오는 호랑이와 곰처럼 저 맨들은 빛을 피해 컵라면 100개를 먹고 지하 피시방에 있다가 멋진 남자 인간으로 환생하는 것인가).

공부를 열심히 하는 것이 아니라 게임을 열심히 해서 그들이 드글대는 피시방에 살았어야 하는데, 번지수를 잘못 짚고 도서관에서 살았으니…….

어쩐지, 배낭여행을 가도 여자들, 어학원에 가도 여자들, 동아리를 가도 여자들밖에 없더라니.

급실망한 영문과 친구는 저 컴컴한 족속들과 '시버(cyber)' 사랑을 나누지 말자고 그렇게 동맹을 맺었다. 평생 영원히, 같이, 혼자서들 늙자고!

오징어 : 그런데, 당장 우리 오피스텔 월세는 어떡하지?

꼴뚜기 : 그럼 여기서 누구 한 명 희생해야지. 한 명만 재벌 2세랑 결혼하면 남은 세 명 먹여 살릴 수 있잖아? 월세도 내주고.

넙치 : 객관적으로 거울을 좀 봐. 우리가 모이면 수산시장이에요. 구리구리해요. 별수없다. 비용은 남은 세 명이 내고

한 명만 수술대에 올리자. 목숨 걸고 성형해서 다시 태어나면 가능할 수도.

가자미 : 그래도 재벌 2세는 힘들어. 재벌 2세가 미쳤냐? 기럭지가 한창 모자라요. 짧은데 어깨는 떡 벌어졌어요. 게다가 성격은 많이 나빠. 뼈부터 다시 고치면 아주 희박하게나마 재벌 1세는 가능할 듯. 노안이 오잖아. 근데 살 날이 많이 남지 않았겠지. 자, 그럼 지원자?

일동 : …….

가자미 : 아무도 없네. 그냥 도서관에 공부나 하러 가자. 우리를 먹여 살릴 수 있는 건 시버(cyber)맨이 아니라 자격증이야. 시대가 바뀌었잖아. 우리 나쁜 여자들 아니겠어? 참한 Boy는 어디에?? 50 전에만 만나면 돼. 50 × 0.8 = 35세. 딱이네(나 때 나이 계산법은 현실 나이에 0.8을 곱하는 것이었다. 과거에 비해 수명이 늘어난 데 따른 계산법이었다. 그런데 요즘은 0.7을 곱하는 방식으로 바뀌었다고).

허무하게 우리의 재벌 1세 결혼 작전은 제대로 된 작전도 짜보지 못한 채 후퇴했다.

놓지 마, 운전대!

그 사이 세상 여자들은 바람 부는 압구정동에 가서 새 여자로 다시 태어났고, 나는 노량진에서 임용 고시 준비하며 불안한 외모로 거친 세상에 익숙해져가고 있었다.

그렇게 선생님이 되었다.

선생님이 되면 꼿꼿하게 바른 자세를 하고 앉아 있는 천사들이 나를 바라보며 미소 짓고, 나는 그 아이들에게 희망의 노래를 선사하는 선생님이 되는 로망을 꿈꾸었다. 그러나 아이들은 제각각이었고, 학부모들은 어린 나를 불신했다. 당연히, 업무는 뜻대로 되지 않았다. 화장실 갈 새도 없이 아이들 뒤치다꺼리를 하다 보면 어느새 나의 실크 블라우스는 책상 모서리에 여기저기 뜯기고, 나는 그야말로 '추노'가 되어 있었다.

어떡할 텐가? 육아휴직으로 곱게 아이를 볼 마음을 먹을 것인가, 로망이 산산조각이 날지언정 그래도 커리어를 포기하지 않고 여자가 운전하는 세상이 왔으니 운전대를 놓지 않을 것인가! 그 시절, 오징어와 넙치, 가자미와 꼴뚜기를 다시 만나 상의라도 한번 해보고 싶다.

육아휴직의 진실, 그것이 알고 싶다 : 로망, 너 아직도 남았니?

육아 '휴'직의 '휴' 자에 속지 말자

육아휴직의 휴(休)는 트릭이다. 그래서 잠시 육아 이직하고 오겠습니다, 해야 맞다. 그래도 늘 그 '휴' 자가 살짝 끌린다. 앞의 두 글자 육아는 좀 자신이 없는데 가운데 '휴' 자가 유독 커 보인다.

10년 차 직장생활은 한창 업무 성과가 탄력받을 때다. 이제 처음의 미숙함에서 벗어나 능숙해져갔지만 능숙한 만큼 인생의 허무함도 커진다. 이리저리 계산해보면 가성비로나 가심비로나 내가 집에서 육A족이 되는 것이 낫겠다는 결론이 내려진다. 어쩔 수 없이 휴직서를 낸다. 재택근무인 만큼 복지가 나을 거라 생각하지만 당장 오늘 밤부터 출근 전 밤샘 근무가 기다리고 있었으니…….

한 손에 별다방 커피를 들고 명품 유모차에 디자이너 유아복을 입은 하얗고 예쁜 아이를 재워 집 앞 센트럴 공원을 거닐면 밝은 햇살이 나를 찬란하게 비춘다는 로망이 있었다면…….

"웰컴 투 육아 주식회사!!! 육아 현장과. 빰빠빠 빠바바바—."

실습 기간 없이 바로 발령이다.

모유 수유, 수면 교육, 터미타임(tummy time. 아기의 상체 힘을 길러주기 위한 엎어놓기) 등 실습 기간은 없었다. 업무 인수인계를 받은 적도 없다. 바로 실전 투입이다. 가르쳐주는 사람은 없고, 책임져야 하는 건 많다. 변의 색깔은 왜 매일 다른 건지, 오늘은 왜 초록색인지, 병원에 가야 하는 건지, 아이의 성장 과정은 모두 나의 책임이 된다. 근무복으로는 앞치마가 주어진다. 뭘 입어도 추노 각이다.

부서 발령은 전공과 상관없고, 살림 부서는 덤으로 온다

경영학과를 나왔든 철학과를 나왔든 자신의 전공과는 상관없는 일방적 업무 지시가 내려진다. 정수기 갈고 복사할 때가 그리워진다. 회사에서 필요한 전문 용어는 따로 있다. 회사에서 영어가 필수인 것처럼, 새로운 아이 언어와 육아 용어(완모, 단유 등)를 받아들여야 하는데, 여기엔 문법도 없고 듣기도 안 된다. 클라이언트가 아직 지구인이 아니다 보니 사용 언어가 지구어가 아닌 외계어(우뜨뜨, 떼떼, 따따따—)다. 잘못 알아들으면 업무는 하루 종일 힘들다.

게다가! 육아 부서인데 살림 부서 업무도 같이 따라온다. 계약서에 없는 내용인데 당연히 해야 하는 것으로 정해진다. 불공정 계약, 업무 과다.

가장 힘든 점이다. 육아하겠다고 휴직 신청했는데 당연히 살림을 하는 것으로 여겨진다. 본 업무도 힘든데 보조 인력이 반드시 필요하지만 그러기에 우리의 회사는 작고 가난하다. 가난한 회사의 사장님들은 한 사람에게 모든 업무를 맡긴다.

월급은 그만두지 않을 만큼만 준다

육아는 왜 근로기준법에 적용되지 않나요? 최저 시급이라고 정해진 게 있는 걸로 알고 있는데, 그건 여기에 적용 안 되나요? 분명

| 2020 변경된 육아휴직 급여 계산 |

구분	일반 육아휴직 급여	두 번째(아빠) 육아휴직	한부모
1~3개월	통상임금의 80% 상한액 150만 원 하한액 70만 원	통상임금의 100% 상한액 250만 원 하한액 70만 원	통상임금 100% 상한액 250만 원
4~6개월	통상임금의 50% 상한액 120만 원 하한액 70만 원	통상임금의 50% 상한액 120만 원 하한액 70만 원	통상임금 80%
7~12개월			통상임금 50%

WELCOME TO
육아 주식회사
물 온도는 적당히 따뜻하게
TO DO LIST
• 기저귀 갈기 3회
• 이유식 & 유기농간식 6회
• 동네 산책 아침, 저녁 각2회
• 놀아주기 3시간 이상
맘비서!
오후 놀이터출장ㅇㅋ?
사장 베이비

히 아이는 자고 있으면서도 자는 게 아니므로 우리의 근무는 24시간 풀가동되면서 아이의 수면 상태를 체크하는지라 8,590원×24h×31일 = 6,390,960원, 그런데 가족수당으로는 한 푼도 없다. 근무시간은 세 배 늘었지만 통상임금의 50%로 삭감된다(그러나 아빠 육아는 다르다. 같은 자녀에 대해 부모가 순차적으로 모두 육아휴직을 사용하는 경우 두 번째 사용한 아빠의 육아휴직 1~3개월 급여는 통상임금의 100%로 월 최대 250만 원으로 높다. 역시! 아빠 육아).

그 외에도 육아 근무의 특징은 다음과 같다.

- 매일매일 출장이 있다.
- 출근했는데 퇴근이 없다.
- 쉬는 꼴을 못 본다.
- 사장님도 대머리, 육아를 시키는 꼬마 사장도 대머리. 모든 메뉴는 사장님이 정한다.
- 이직하고 3년이면 정리가 된다. 아, 나는 육아가 적성이 아니구나. 여기는 내가 더 있을 곳이 못 되는구나.

애를 낳아 죄송하고, 일찍 맡겨 죄송하고, 늦게 찾아 죄송하고…… : 김지영식 복직은 이곳에도 없다

걱정의 뫼비우스띠

집에 가면 회사 걱정, 회사 가면 아기 걱정. 회사로 다시 돌아가는 첫 출근길. 익숙한 지하철 냄새가 반갑다. 이 냄새가 편하다. 아이 분유 냄새 속에서 살다가 출근하는 사람들의 말리지 못한 머리에서 나는 샴푸 냄새, 어젯밤 숙취 냄새, 무표정하게 빠르게 걷는 그 걸음, 구두 냄새가 좋다.

그래, 세상은 그대로구나.

여전히 회색이고, 나는 그 튀지 않은 회색이 내가 있어야 할 곳이다. 그런데 직장은 모든 것이 다르게 느껴졌다. 직급도 달라진 것도 없고 상사도 바뀌지 않았다. 그동안 무슨 큰 사회적 변화가 있었던 것도 아닌데, 나는 어떤 큰 선을 넘은 느낌이다. 직장의 모습은 사실 그대로였을 텐데, 그곳을 보는 나는 이미 많이 달라져 있었다.

그때는 몰랐었는데 직장 동료들을 보니 일도 꼼꼼하게 잘해내고, 자기 관리도 잘하고, 미래의 승진을 위해서 현재를 쌓아가는 모습이 프로처럼 보였다. 아침에 잘 다듬은 머리 매무새, 트렌드에 맞는 슈트. 퇴근 후 열심히 피트니스 센터에 가서 관리받은 건강한 몸. 뭔가 나는 재수생이 된 듯한 느낌이 들었다. 내가 애를 낳고 쉬었던 그 시간만큼 평생 저 사람들에게 뒤처지겠구나.

복귀 첫날, 그렇게 새로 사지 못한 내 정장만큼 나는 초라해져 있었다.

출산 전에는 두 시간에 한 번씩 거울 보고 화장을 고치러 화장실에 갔었는데 이제 두 시간에 한 번씩 아이의 안부를 물으러 화장실에 간다. 화장실에 가도 내 매무새를 보기 위해 거울을 볼 자신이 없다. 변한 내 모습을 확인해서 상처받고 싶지 않다. 혹시 어린이집에서 열이 나 나를 급하게 찾았던 문자는 없는지, 아이가 울고 있다고 연락이 왔는지 확인하는 시간이다.

"원장님, 오늘 얼마나 울었어요? 연습한다고 했었는데 아직도 그렇죠? 그래도 잘 놀지요? 아 네…… 투약 의뢰서를 바빠서 미처 못 썼어요. 죄송하지만 제가 문자로 다시 정리해서 보내드릴게요. 죄송해요. 오늘 남편이 중요한 회식이 있고 저도 처리해야 할 일이 있어서 빨리 못 가요. 죄송해요. 죄송해요. 죄송해요.”

애를 낳아서 죄송하고, 애를 일찍 맡겨 죄송하고, 애를 늦게 찾아 죄송하고……. 직장에서는 애 때문에 간혹 업무에서 배려받아 죄송하고, 회식에 참여 못 해 죄송하고, 육아 시간 써야 해서 다른 동료들에게 죄송하고. 나름 일을 못한다고 생각하지 않았는데 지금 보니 남들은 일도 빠르고 아는 것도 많고 무엇이든 척척 해내는데 나만 형편없이 느껴진다.

집에 가도, 직장에 가도, 죄송하다.

나는 왜 이렇게 살아야 하는가 하는 생각도 들지만 적응하는 시간이라 마음먹으며 스스로를 달랜다. 하지만 현실은 세상 밖으로 나오지 못해서 집에서 생긴 우울증이 직장에 오니 더 커진 느낌이다.

쓰리 잡러, 이제 출발이다

“휴~ 애 간신히 재웠다. 뭐해? 또 안 자고 인터넷하지? 돈을 안 쓰면 데이터라도 써야지 그자? 그러지 말고 잠깐 나와봐.”

남편이 귀찮게 나를 찾는다.

“나 내일 출근하는 여자야, 왜?”

복직할 때가 되니 자꾸 어깨에 힘이 들어간다.

"너의 복직을 축하하며, 짜잔—."

냉장고에서 선물을 꺼낸다. 이 좌식이 어디서 구라를! 소주 한 병 가지고. 안에 다이아가 없기만 해봐라.

"진로 이즈 백! 초 깔끔한 맛 새로 나왔대. 선유 is back! 라임 쥑이지, 두꺼비 갬성 있지? 맨날 강조하던 네 스탈이지? 너의 직장 복귀를 위하여!! 축하해, 아무 걱정 말고 이제 돈길만 걷자. 나 혼자 버느라 힘들었다. 같이 뼈 빠지게 일해보자. 내가 팍팍 밀어줄게. 다이아는 못 샀지만 애 어린이집 데려다주고 데리러가는 건 내가 알아서 할 테니까 신경 쓰지 말고 일해. 그리고 한 달치 반찬은 반찬 가게에 예약해놓았다. 특별 선물이야."

'어, 술 네임이 나쁘지 않네. 이 좌식 생각도 나쁘지 않네. 봉천동 아재인 줄만 알았더니 이러다 홍대 오빠 하겠어. 뒤통수 좀 칠 줄 아는데.'

그렇게 술술 술도 넘어가고, 내 마음도 넘어갔다.

드디어 D-DAY.

"아, 남편! 첫날인데 안 깨우면 어떻게? 복직 인사도 드려야 하고 미리 준비할 게 많은데, 아침 먹을 새도 없잖아! 내 블라우스 다려놨지?"

그런데 아이가 안 보인다. 프로 육아러 남편은 아이 챙겨서 어린이집에 데려다주고 출근하고 없었다. 첫날 30분 먼저 가서 미리 업무 처리하고 인사드릴 준비해야지 했었는데 간신히 정각에 교문을 통과한다.

"환영합니다. 한 선생님. 이렇게 빨리 복직해줘서 고마워요. 이제 예비 학부모이니 아이들 대하는 것도 달라질 거예요. 오늘도 애 어린이집에 맡기고 오시느라 아침에 얼마나 바쁘셨어요? 출산하느라 힘들었을 테니 이번 연도 업무 배정에서 배려해드리려고 많이 애썼고 동료 선생님들도 많이 도와주실 거예요. 힘든 점 있으면 언제든 말하세요. 그리고 회식 이런 거 신경 쓰지 말고 빨리 퇴근해서 아이 돌보세요. 몸도 돌보고."

"네? 네."

복직한 학교는 그대로였다. 최첨단 교육 기자재들은 들어왔지만 아이들은 여전히 뛰어다녔고 공부는 재미없었다. 몸은 조금 피곤하긴 했지만 그래도 퇴근 시간이 있다는 것이 만족스러웠다. 예전에는 내가 다녔던 어린 시절의 눈으로 아이가 보였는데 이제 내 아이가 다닐 미래의 모습으로 보이기까지 하는 프로로서의 성장도 잠시나마 느껴졌다.

퇴근 후, 예전처럼 녹초가 되어 소파에 붙은 내 모습이 익숙하다.

"남편, 나 오늘 너무 바쁘고 긴장해서 내가 애가 있다는 사실을 까먹었어. 나 너무 배고프다."

밥을 먹고, 왔다갔다 하루를 마무리하느라 정신없다가 다시 묻는다.

"아 참, 애는 안 울고 잘 갔어? 정시에 잘 찾고?"

9시가 되어 자기 전 묻는다. 옆집 아이인가…….

이렇게 나는 출근하는 여자로 그리고 서브로 아내, 마지막으로 육아까지. 쓰리 잡을 하게 되었다. 수익률은 글쎄…….

한여름밤의 헛꿈 : 내겐 박빙의 선택이 남았다

맘심은 천심이다

인터넷에 나와 있는 시어머니 유머가 웃겨 나도 남편에게 직접 물어보았다.

아내 : 남펜, 남펜, 세상에서 누가 제일 좋아?

남편 : 당연 딸님이지.

아내 : (이게 아닌데), 그다음은?

남편 : 나 자신.

아내 : 됐어. 잘났다. 뉘예─, 뉘예─.

열받네. 내가 왜 1번이 아닌데??

남편 : 너 1번이었지. 그런데 애 낳고부터는 먹고 자고 애 키우기 어렵다고 열 받고 다시 자고, 그러는 게 다잖아.

먹고 자고 열 받고. 네가 신생아가? 뭐가 좋갔노? 난 딸만 있음 된다. 이제 1번 딸님, 2번 딸 집사인 나, 3번 장모님, 4번 울 엄마야. 나 장모님 효도르인 거 알지?

개허탈이다.

애를 낳고 나서 바로 복직하고 싶은데 애를 맡길 곳이 없다. 엄마가 되기 전에는 세상에 저렇게 아파트마다 어린이집이 있고 교회에도 있고 국립도 있고 유치원도 많은데 뭘 그리 고민하는지 이해가 되지를 않았다. 일주일을 고민만 하니 남편이 말했다.

"똑같은 고민을 하루 종일 한다고 답이 나오냐? 그냥 결정했으면 그대로 해야지. 왜 자꾸 뒤를 돌아보고 다시 또 그 똑같은 고민을 하냐고? 버뮤다인지 뫼비우스인지……. 복잡하지 않게 결정하자. 우리 아파트 어린이집에 맡기기로. 단, 아이가 아프거나 위급할 때는 서브로 울 엄마나 장모님으로 하자. 알았지?"

"어, 어—." (남편, 2G로 생각하던 아재는 딸과 관련되면 5G가 된다.)

일주일 밤새 머리 아프게 고민하던 문제가 순식간에 허무하게, 그냥 그렇게 '결정당해'버렸다. 그런데 예상하지 못한 변수가 생겼다. 이럴 줄 알았으면 입소 대기 신청해놓고 고민하는 건데. ○○어린이집에 입소 신청은 해놓았지만 워낙 인기가 많아서 아직도 내 앞에 124명이 있다. 그런데 아파트 단지 어린이집도 대기가 있단다. 곧바로 입소가 안 되는 것이었다.

아 흑—.

출산 휴가가 어느덧 끝날 때쯤 되니 마음은 급해지고 입소가 늦어지니 주변의 모든 여자가 그들의 의사와 상관없이 내 딸 보모 후보다. 심지어는 동네 길가의 한가해 보이는 여자도 다시 돌아봤다. 내가 아는 모든 여자가 후보 대상이 되었다. 결국 복마전 양상을 띠어갔다.

기호 1번, 여당 친정엄마

나와 엄마는 같은 편. 어쩔 수 없는 여당. 이미 남편과 나의 압도적 지지를 받고 있다. 30년간 나를 키운 경험은 이미 검증되어 있는 실력으로 안정을 보장한다. 대신 그 나물에 그 밥. 변화가 없다는 단점이 있다. 나랑 똑같이 키우면 곤란하다. 옛날 육아라는 아쉬운 점.

주요 공약 : 키울 줄 아는 기호 1번

(어린이집 입소 전까지) 무상 보육

이미 3선의 경험으로 안정적 운영

병원 동행 무료 서비스

아이가 살기 좋은 육아 환경 제공

성향을 잘 아는 원조 혈육

효율적 육아 결정 집행이 장점

주요 경력 : 매일 아침 자식을 위해 새벽 기도를 가고 단 한 번도 찬밥을 주지 않은 사람. 귀한 사람 되라고 늘 속옷과 양말은 손빨래하고 심지어 다리미로 다리던 사람. 비가 오면 비 맞는다고 외출하지 못하게 했던 사람. 매일 자식의 구두를 닦으며 찬송가 부르며 행복해하던 사람. 자식이 신이자 종교이고 인생의 전부인 사람. 한평생 사회생활을 해본 적 없는 순수한 사람. 서울을 떠나본 적 없는 도시 할머니. 그녀는 나의 엄마다.

기호 2번, 야당 시어머니

야당이다. 항상 비판할 준비가 되어 있을 것이다. 모든 것을 바꿀 것이다. 기호 2번이 육아하는 순간 나의 집은 야당 소속인(시자 붙은 나의 새로운 가족들) 자들이 점령할 것이다.

주요 공약 : 정의를 따실 줄 아는 2번

아이는 내버려둔다. 민주주의 육아. 스스로 자란다.

친정 보육의 6개월 독주를 끝내겠다.

아들의 월급을 가로채는 부정 비리에 맞서겠다.

예산을 획기적으로 늘려 아들의 기초 용돈 인상

가정의 참민주주의를 살리고 졸속 살림을 제자리로 돌려놓겠다.

냉장고의 풍부한 자원을 활용하여 아무거나 잘 먹게 한다.

제2외국어를 보장한다(심한 '갱상도' 사투리).

이권분립 원칙에 위배, 외가(며느리 쪽)로 너무 갔다. 바로잡을 것

주요 경력 : 자식이 다섯이나 되어서 이름이 헷갈린 사람. 농사 짓다 애 낳던 사람. 중학교 때부터 일찌감치 자식들 스스로 알아서 도시로 상경하게 했던 사람. 자식 군대 가도 면회 한번 안 와본 사람. 딸이 무슨 소용이냐고 아들이 최고라고 믿는 사람. 가난한 환경에서 평생 쉰 적 없던 사람. 도시에서 단 하루도 살아본 적 없는 네이티브 '갱상도'. 자식에게 거침없이 욕을 퍼붓는, 그

사람은 남편의 어머니다(비슷한 캐릭터로는 아주 오래전 〈전원일기〉의 김수미 정도).

기호 3번, 파격 무소속 출마 시동생

시동생. 기호 2번과 같은 색깔이지만 무소속이다. 당내 경선 과정에서 당연히 시어머니에게 참패하였으나 이를 인정하지 않고 무소속으로 출마했다. 당선 뒤 곧 야당으로 복귀할 것은 자명한 사실.

주요 공약 : 젊은 피로 표밭을 갈아엎자.
이제 구시대의 육아는 끝났다.
아이가 행복한 육아
직접 발로 뛰는 실천하는 육아(놀이터 일 1회 보장)
4차 산업혁명 시대 젊은 육아의 적임자
미래 먹거리 이유식 선두 주자(인스턴트를 활용한 쉬운 이유식 활용)
조기 한글 교육과 스마트 육아

3번 후보가 대토론회를 제안하였으나 2번 후보가 "별 쓸데없는 소리 다 들어보겠네. 집어치뻰나" 하며 단칼에 거절하여 일방적으로 무

산되었다.

드디어 개표. 사전 선거 결과 당연히 기호 1번이 압도적이었으니 당연히 1번이다. 마지막까지 2번과 3번은 야합하려 했으나 실패. 그런데 이변이 일어났다. 후보 1번이 자진 사퇴를 하게 된 것이다. 2번의 승. 당장 내일부터 임기 시작이다. 말도 안 돼! 나 시어머니랑 같이 살아야 돼? 〈전원일기〉 되고, 난 복길 엄니 되는겨? 이건 음모야. 부정선거야!

흙— 흙 —이건 말도 안 돼!!!!!!

"어무이 노릇 단디 해라. 알갓제? 예쁜 여자 천지 빼까리다. 니가 그카이 아빠 속 디비진다."

우리 딸이 나에게 야단친다. 벌떡 일어나 사투리로?? 맙소사!

"야! 정신 차려. 느그 엄마 봐라. 이 집 1번과 2번이 없어져도 걱정 하나 안 한다. 지금 몇 시인데 아직까지 자노?"

딸을 안고 산책 갔다 온 남편이 나를 깨운다.

휴~ 꿈이었다.

오, 그대는 왜 어린이집에 있어야 하나요?: 〈놈이오와 딸〉

이 문장과 음악을 매일 아침 겪게 될 줄이야

윌리엄 셰익스피어(William Shakespeare)의 《로미오와 줄리엣》에 나오는 세기의 슬픈 문장은 이렇게 시작한다.

> 암울한 평화가 이 아침에 내렸으니 태양은 비탄으로 얼굴을 안 보인다. 여길 떠나 이 슬픈 일들을 더 얘기해보라. 용서받고 벌받는 자들이 있으리라. 줄리엣과 그녀의 로미오 얘기보다 더 비통한 얘기는 절대 없었으니까(〈The Kissing you〉 음악이 흐른다).

어린이집 원장님께서는 너무나 좋은 분이었고 경험도 많은 분이었다. 아침에 우는 아이들은 짧게는 일주일, 길어야 한 달이니 걱정 말고 출근하라고 당부했다. 문 앞에서 보호자가 슬픈 표정이나 약한 모습을 보이면 아이는 더 불안해하고 더 적응을 못 하니 아무렇지 않은 듯 돌아서라 했다. 아이들은 문 닫고 들어가면 어린이집 세계에 금방 적응하고 부모의 존재를 잊고 생활한다고 했다.

저학년을 많이 경험해본 나는 충분히 이해 할 수 있었다(특히 1학년 아이들 중 가끔 분리불안을 가지고 있는 친구들이 있는데 대부분 열흘을 넘기지 않는다. 데려다 놓고 가는 어머님의 슬픔은 얼마나 갈지 모르겠지만 아이는 15분 내로 친구들과 놀면서 엄마의 존재 자체를 잊어버린다. '금사빠', 즉 금방 교실이라는 사회생활에 빠진다).

그런데 우리 집 문제는 애가 아니었다. 어린이집에 매일 남편이 데려다주는데, 애 아빠의 표정이 세상 모든 슬픔을 죄다 얼굴에 가둬놓은 듯했다. 감출 수 없는 세상의 슬픔이란 슬픔은 다 그 얼굴에 모여들었다.

—오, 그대는 왜 직장을 가야 하나요?
—오, 그대는 왜 어린이집에 있어야 하나요?

문 앞에서 같이 울고. 문 닫히면 현관문 앞에서 몰래 울고, 그래도 모자라 베란다 보이는 곳에서 좀 울다 마음을 가다듬고 출근하곤 했다.

남편, 마음은 충분히 이해하오. 그러나 남편, 당신의 사랑의 원조는 나 로잘린 아니겠소? 남들이 보면 어디 오지로 유학 보내 한 몇 년은 못 볼 사람 같소. 진정하오. 일곱 시간 30분 뒤면 찾을 수 있다오. 일곱 달, 아니 7년 뒤에 보는 것이 아니라오. 어린이집은 감옥도 오지도 군대도 아니라오. 동무! 정신 차리라오!

딸을 위해서 땅에 내려놓으세요

어린이집 15개월에 들어가 33개월이 되던, 2년 만에 졸업하는 날, 원장님 말씀.

"와, 아버님, 어머님. 이렇게 2년 내내 단 하루도 빠짐없이 우는 친구는 제 어린이집 경력 15년 만에 처음이었어요. 이제 안 울 만한 때가 온 것 같은데 벌써 유치원 가는 나이가 되었네요. 아버님이 이렇게 땅에 애를 안 내려놓으시는 분도 처음이에요. 아버님, 딸을 위해서 땅에 내려놓으셔야 해요. 호호."

남편은 갑작스럽게 어린이집에 보내는 게 너무 안쓰러워서 퇴근 후 모든 회식과 업무를 제치고 딸을 데리러갔으며, 어린이집 원장님께서 아이를 손에서 놓는 순간부터는 잠들 때까지 본인이 거의 안고

있었다. 내려놓으라는 말에 남편은 앙칼지게(?) 대꾸했다.

"내 딸이 거부할 때까지 나는 안고 있을 거야. 어린이집에서 느꼈을 엄마의 부재를 내가 실컷 안아주고 달래줄 거야. 아직도 갑자기 원하지 않게 어린이집에 버려진 그때의 표정을 난 잊을 수가 없어. 너는 몰라."

내 딸은 그렇게 다섯 살 때까지 아빠가 유일한 친구였으며 연인이었다. 아빠와 함께 자동차를 가지고 놀고, 아빠의 운동기구가 되었으며, 같은 곳을 바라보는 뮤즈가 되었다. 시간이 지난 후, 우연히 남편은 육아할 때 썼던 일기장을 보여준 적이 있다.

매일 아침이 두렵다. 리나는 차를 타고 어린이집으로 가는 동안 표정도 없고 웃지도 않는다. 그런 딸을 보면서 운전하는 아빠의 마음은 오늘도 너무 쓰라리다.

다른 아이들에게는 너무나 이른 아침. 아침 일찍 오는 리나가 반가웠을 리 없는 당번 선생님. 아직 아무도 오지 않아 친구들의 온기 없는 차가운 거실에 아이를 두고 돌아서야 하고, 문 뒤로 들리는 딸의 흐느끼는 울음소리는 가슴을 후벼 파기보다는 차라리 찢어낸다는 표현이 맞을 것이다. 딸아이의 그 소리가 귀에 울리는 것 같아서 현관을 돌아서보려고 노력하지만 베란다로 보이는 아이의 모습을 보는 순간 발걸음이 땅에 붙어버린 것을 알아차린다.

딸아이의 눈은 허공을 바라보고 혼자서 흔들 말에 올라탄다. 집에서는 절대로 아무것도 혼자 하지 않고 내가 시작부터 끝까지 네 옆에 있어주는데…… 아직 너의 세상은 항상 내가 옆에 있어주어야 하는데…… 어린이집 선생님의 눈치를 보며 영혼 없이 시간을 보낸 것 같은 모습을 오전 내내 지울 수가 없다.

언제까지나 내 가슴에 상처로 남아 있을 것 같다.

딸아, 미안하다. 정말 미안하다. 아빠가 미안하다.

— 아빠의 가을 일기 중에서

남편도 휴직 대상입니다 : 강풍 육아

요즘 엄빠들은……

지난해 육아휴직을 쓴 남성 직장인이 처음으로 2만 명을 넘어섰다.

22일 고용노동부에 따르면 지난해 민간 부문의 남성 육아휴직자는 2만 2천297명으로, 전년(1만 7천665명)보다 26.2% 증가했다. 남성 육아휴직자가 2만 명을 넘어선 것은 처음이다. ……

지난해 전체 육아휴직자 가운데 남성이 차지한 비율은 21.2%였다. 남성 육아휴직자 비율이 20%를 넘은 것도 처음이다.

기업 규모별로 보면 지난해 남성 육아휴직자 중 300인 이상 기업 소속은 1만 2천503명으로, 56.1%를 차지했다. 남성 육아휴직이 여전히 대기업 중심으로 이뤄지고 있다는 얘기다.

그러나 남성 육아휴직자 증가율은 기업 규모가 작을수록 높았다. 지난해 300인 이상 기업은 남성 육아휴직자가 전년보다 19.1% 증가했지만, 300인 미만 기업은 36.6% 늘었다. 10인 미만 기업의 경우 남성 육아휴직자 증가율이 47.5%에 달했다.

— "작년 육아휴직 남성 2만 명 돌파…… 사용자 5명 중 1명 '아빠'"

(〈연합뉴스〉, 2020.1.22.)

"어제 동창회를 5년 만에 갔는데 뭐 다들 약국 몇 개씩 전국에 체인으로 운영하고 이제 다들 안정이 되었더라구요. 그런데 약국 얘기는 얼마 안 했던 것 같고, 남자애들이 그렇게 다들 어린 딸 얘기를 하더라고요. 다들 딸에 거의 미쳐 있던 것 같아. 이상해졌어요. 결혼을 늦게 해서 그런가? 페이 약사 쓰고 자기는 주말만 나가고 평일은 애 본데. 참 많이 변했어."

— 이상한 남자 사람 친구를 둔 약사 A 씨

"도저히 애 엄마가 너무 힘들어해서 육아휴직을 바꾸기로 했어요. 애 둘 낳고 두 번째도 휴직해서 집에서 애 키우라고 하기에 너무 미안하더라구요. 우울증도 심해져서 이러다 큰일나겠다 싶더라고요. 애 엄마가 3월부터 직장에 복귀하기로 하고 아빠인 제가 3월에 들어가요.

이것저것 고민해도 해결책은 없어요. 도저히 어머님께 맡기는 것은 우리가 또 짐을 안게 되는 것 같아요. 그냥 눈 딱 감고 아빠인 제가 휴직합니다."

— 애 낳고 효도르로 빙의된 공무원 B 씨

"어느 날 남편이 회사에서 안 좋은 일이 있었나 봐요. 나는 그날 애 둘이랑 하루종일 씨름하다가 뻗어 있었죠. 설거지는 쌓여 있고 다 돌린 빨래는 건조대에 널 기운도 없었어요. 원래 그렇게 안 하던 사람인데 집에 들어오더니, 집구석에 있으면서 살림이 이 지경이 되도록 뭐 하고 있었냐고 화를 내는 거예요. 너무 어이가 없더라고요. 저도 저녁도 못 먹고 뻗어 있었거든요. 그래도 회사에서 힘들었을 남편을 생각해서 나도 안 먹었다고 같이 라면 먹자고 했더니 필요 없다고 소파에 누워서 텔레비전을 보는 거예요. 화가 머리끝까지 나서 소리 질렀어요.

"너는 자빠져서 텔레비전보는 사람이고 나는 애 보는 사람이냐?"

순간 욱해서 저도 모르게 텔레비전을 밀었어요. 애 키우면서 팔 힘이 늘어서 그런지 생각보다 가볍더라고요. 그럴 의도는 아니었는데, 56인치 엘씨디 텔레비전이 그대로 아작 났어요. 그리고 집을 나왔어요. 차에서 펑펑 울고 인천공항으로 달렸어요. 저도 잘나가던 항공사 승무원이었거든요. 결혼하기 전에는 같은 곳을 보며 행복하게 살자며 그랬었는데…….

저는 육아 하나만 해도 정말 힘들거든요. 그런데 전업주부까지 요구하는 건 아니지 않나요? 본인도 자기 부서 일 하지 다른 부서 일 안 하잖아요? 와이프가 육아휴직하면 호텔 서비스를 기대하나 봐요. 출근하면 퇴근 전까지 룸클린을 기대하나 봐요. 애 키우는 동안 집이 올인클루시브 클럽메드였으면 좋겠어요. 그럼 우리나라 출산율 저절로 해결될 텐데요. 아무튼 그 싸움 이후로 저는 바로 복직 신청했고 남편은 3개월 육아휴직했어요. 그래도 복지가 좀 나는 외국 기업 다니거든요. 3개월 뒤 어떻게 됐냐고요? 남편도 바로 복직했지요. 처음엔 어려서 어린이집은 안 된다더니 3개월 해보니 자기가 나서서 대기 걸어놓던데요.

— 남편 대신 TV를 때린 전직 스튜어디스 C 씨

눈 딱 감고 하와이에서 와이프랑 육아휴직하고 있어요. 저는 6개월, 와이프는 3년. 비용요? 제가 6개월 뒤에는 복직하니까 우선은 마이너스 통장 뚫었지요. 원룸이니 사람들이 생각하는 럭셔리한 육아는 못 해요. 둘 다 대학 졸업하고 어학연수 1년씩 해봐서 해외 살이가 힘들지만은 않아요. 기러기 아빠 2년 할 생각하니 그래도 6개월이라도 딸이랑 같이 있고 싶었어요. 외국계 회사라 비교적 자유롭지만 인사가 조금 걱정되기는 해요. 매일 바다에서 아들이랑 있으니까 서울에서 하던 것보다 훨씬 즐거워요. 저절로 자연육아하고 있어요.

— 마이너스 통장 부자, 회사원 D 씨

집에서 독립한 지 너무 오래됐어요. 스무 살부터이니 15년이 넘었네요. 처음엔 피시방, 편의점 생활이었는데 오래 하다 보니 나름 살림을 하게 되더라고요. 그래서 살림 노하우가 좀 쌓였죠. 집에서만 큰 아내보다 다림질이나 청소 등 모든 면에서 제가 훨씬 나아요. 잘하는 사람이 하는 거죠. 살림에 능숙하다 보니 어느덧 육아까지 자연스럽게 넘어오네요. 와이프는 회계일을 하느라 너무 바빠요. 빅펌에서 살아남으려면 휴직은 좋은 방법이 아니라고 하더라고요. 그래서 조금이라도 여유 있는 제가 하지요. IT 업체라서 저희는 조금은 유동적이거든요.
애 데리고 수영도 하고, 제가 하는 헤이리 테니스 클럽에도 데리고 가요. 낮에 가도 경찰 공무원이나 3교대 하시는 분들 있어서 게임을 할 수 있거든요. 전 집에 안 있어요. 그래서 여자들보다 조금 덜 우울한 것 같아요. 혼족으로 살다가 살림남이 되었어요. 육아빠도 되었고요. 육아 체질이에요. 처음엔 어색했는데 다들 이제 자연스러워요. 아이 덕분에 취미 생활도 조금 더 할 수 있게 되었어요. 체질인가봐요. 하하.

— 개종한 전직 '프로 편의점러' E 씨

"얘야, 나보고 느그 애들 보라고? 평생을 너희들 뒷바라지했는데 내가 얼마나 바쁜 줄 아니? 그리고 애 봐주면 두 배로 늙는다더구나. 게

다가 가끔 반찬도 해놓고 가라고 할 거지? 난 싫다. 나는 너희들 오붓하게 여행갈 때 2박 3일까지만 봐줄 수 있다. 어린이집 갔다 와서 두 시간만 보면 되는 거니 느그 아부지한테 말해봐라. 왜 느그 둘 다 회식이라서 유치원에 내가 대신 갔을 때 할아버지들이 데리러오는 집도 꽤 있더구나. 아버지가 관절도 나보다 나아. 놀이터에도 할아버지들 꽤 있더라. 알았지? 바빠서 이만 끊는다. 슈퍼맨의 원조 조부 육아를 실천해보자꾸나.

— 그레이트 그레이(Great Grey)를 실천하는 G 할머니

육아 영장 입영 통지서

귀하께서는 육아법 제1조에 따른 육아 영장 입영 대상자로서 입영일자가 결정되었으므로 군말 말고 따르기를 이에 통보합니다!

한 번 다녀온 놈이 그래도 낫다

3년은 힘들다는 군대 육아. 안 그래도 현실 군대를 다녀온 아빠는 새벽 강행군, 야간 보초 이런 거 해보아서 익숙하지 않을까? 그래도 한 번이라도 다녀온 놈이 낫겠지. 그리고 군대가 3년에서 지금은 거의 18개월로 많이 단축되었다. 여자들에게도 저녁이 있는 삶은 필요하다.

남자들은 기동성이 좋다

자기의 취미 생활이라면 멀리 헤이리까지 가서 축구하고 오는 남자들. 장거리 운전도 두렵지 않고 불법 주차도 두렵지 않다. 동네 축구하면서도 리미티드 운동복에 신발까지 세트로 장착. 당신들이 싸들고 다니는 골프 클럽, 혹은 각종 유니폼과 장비로 장착된 그 큰 가방보다 아이가 가벼워 보인다. 시간이 남아도 과속해서(교통 흐름에 방해되지 않는다는 말씀) 달리고 낯선 곳에서 불법 주차하고 축구하는 걸 좋아하는 남편 님들. 거기에 아이 하나만 얹을게요.

아빠 육아 맛집, 강풍 육아

나는 아빠들이 육아하는 것을 보면 강풍 육아라는 이름을 붙여주고 싶다. 아이가 더워하면 엄마들은 아이한테 선풍기나 부채로 바람을 조심스럽게 살살 일으켜 아이들의 더위를 식혀준다. 그러면 그 편안함에 아이는 스르르 잠이 든다.

아빠 육아는 어떨까? 상상이 가지 않나? 바로 3단 최고 강풍을 틀어버린다. 본인이 그렇게 선풍기 바람을 쐬기 때문이다. 애는 화들짝 놀란다. 태풍이다. 이런 걸 보고 엄마 육아는 위대한데 아빠 육아는 위험하다고 자꾸 아빠들의 육아 기회와 자존감을 떨어뜨린다. 이뿐인가? 아이 좀 흔들흔들 하며 놀아주랬더니 바로 냅다 던져 받는 자이로드롭이다. 아이가 기겁한다.

자연육아하라고 숲 체험 좀 가라고 했더니 북한산 최고봉까지 한 번에 다녀온다. 당분간 아이가 걷지를 못한다. 강풍 육아, 난 적극 찬성이다. Love it! 아이만 안 날아간다면 아이들도 이런 시원시원한 육아 재미있어한다.

적응되면 선풍기는 바로 3단이다.

이게 아빠 육아의 진짜 '맛'이다. 원래 맛집은 간이 세다.

하—하—.

마지막 한 번 더 앵콜~ 동생 플리즈 : 이 동네 바보는 누규?

다시는 내 안에 사람 없다, 알지 남편?

"한밤중 맛집 자유이용권 10장?"

"언니가 알아서 간다."

"발렌시아가 파피에르? 루이비통 클루니? 샤넬19 제니백? 또 뭐였더라~ 적어왔는데. 아 이름이 너무 어려워."

"남편! 와이프 지금 사랑스럽게 무릎 튀어나온 이 위대한 츄리닝 안 보여? 나한테 어울리는 백은 종량제 봉투예요. 정신 차리세요. 이거 사려면 이제 머리끝부터 발끝까지 사는 걸로는 모자라요. 머리끝부터 발끝까지 다시 태어나야 돼요. 전신 안티에이징해야 된다고요. 그리고 나 이제 신발에 안 올라가. 힘들어. 한번 내려오니까 너무 편해."

"그럼 코타키나발루 올인클루시브 어때? 친구들까지 내가 다 대줄게. 일주일, 아니 열흘? 어때, 끝내주지?"

이 좌식이 인생 끝내고 싶나. 내 돈으로 막 던진다.

"그만 던져요. 그런데 뭘 원하는 건데? 뭐, 어디 가? 아니지. 뭔가 딜을 하고 싶은가 본데…… 테니스, 골프, 축구, 야구, 서예 빼고 들어볼게. 결혼하는 순간 했던 마음의 각서 잊었어?

제1항. 사유 재산은 포기한다.

제2항. 사유 시간은 다음 생에 가능하다.

제3항 1, 2항을 포기하는 순간 모든 재산권은 몰수된다.

설마 잊은 건 아니겠지?"

"아무래도 좋아 좋아. 그래, 너 가져. 난 우리 딸 하나만 있으면 돼. 아냐, 마지막 하나만 더."

"엥?"

"우리 딸 혼자 있으니까 너무 외로운 것 같아. 네 친구 정 양 봐. 우리 어제 술 마실 때 난 우리 딸 생각이 너무 나더라고. 아직 결혼은 안 했는데 아버님 암에 걸리시고 엄마도 이제 아프시고 세상의 모든 경조사나 큰일을 이제 자기 혼자 해결해야 하는 상황이 너무 부담스럽다잖아. 친구랑 죽고 못 살아도 집안일까지 나눌 수는 없는 거라고. 형제자매라도 있으면 집안의 일들을 의논하거나 나눌 텐데 그럴 사람이 없다는 게 너무 무섭다잖아. 자기는 절대 하나 낳을 거면 안 낳는다잖아. 엄마 아빠 돌아가시면 친척도 거의 없는 자기는 세상에 마흔 고아 된다고 한숨 푹푹 쉬었잖아."

"그게 뭐?"

"우리 딸이 그럴 거라고. 나중에 나이 들어서 힘든 일이나 집안의 경조사 또는 고민이 생겼을 때 우리 딸이 기댈 곳 없이 너처럼 허술한 친구 붙들고 힘들다고 하소연하고 있으면 어떡해? 아, 난 너무 가슴 아파. 눈 못 감아. 그니까 좀 생각해봐. 물론 다시 1년 공룡 알 달고 다닌다고 내내 힘들었었지만 낳고 나니까 같은 공 씨인 공주님이잖아. 솔직히 너무 예쁘잖아. 우리 딸한테는 늙은 노부모보다 형제가 필요할 거라고. 물려줄 집도 없는데 요양원비라도 나눠내줄 형제가 필요하다고. 우리 갑자기 죽어봐? 얼마나 당황하겠어?"

"별걱정을 다 하네. 요양원 비용은 우리 연금으로 되고요, 죽으면 상조회사가 지켜줄 거야. 불안하면 프리미엄으로 들어놔요. 뼈 빠지게 벌어서 가난하게 살다가 상조회사에 돈 다 갖다바치고 갑질하며 죽든가. 마지막 죽음은 사치스럽게(웃음)."

"말도 안 되는 소리 하지 마!!

난 다시 절대로 내 안에 사람 안 키울 거야. 내 인생에 자식은 하나야. 그게 모던해. 우리 딸한테 필요한 건 강남 아파트 등기인 거 몰라? 그거 팔면 요양원비도 장례식비도 다 해결되니깐. 당장 내일부터 돈을 더 벌어오라고. 아침에 신문이랑 우유랑 새벽배송 같이 돌려요. 그리고 그 돈으로 잘나가는 회사 주식을 사서 배당금이 월세를 추월하게 하라고요. 그게 우리가 타야 할 차선이야(사실 속으로 살짝 흔들렸다. 이 좌식이 나의 치매끼를 이용하고 있다는 것을 눈치 챘다. 어느덧 벌써 3년이 지나 나의 공룡 알 배도, 역대급 고통도 이제 필름이 끊겼다. 앱솔룰리)."

이런 내 뜻과는 달리 이미 남편은 둘째교에 빠져 있었다.

"너 차 바꾸고 싶어 했지? 그랜저 하이브리드 어때? 400개월 할부 될걸. 차 잘나가. 나 진짜 큰맘먹었어. 엔진이, 엔진이 말이야……."

"아자씨. 안 사요. 자꾸 남의 근무지에서 이러시면 신고합니다. 난 작은 차가 좋아. 엔진이고 마력이고 차 스펙 따위 얘기할 바엔 군대 얘기해. 들어줄게. 머리 아파. 그냥 큰 차는 주차 힘들어. That's it. 댓지?"

아방가르드한 바보 만들기

그렇게 남편의 전도는 다 끝나가는 줄 알았다.

잊을 만했던 '벤틀리'한 어느 날.

"여보세요? 한○○ 씨죠? 김○○ 씨께서 한○○ 씨 앞으로 아방가르드 화이트 주문하셨어요. 출고 전에 확인해야 할 부분들이 있어서요."

"뭐요? 뭔 가드르요? 그게 뭔데요?"

"여기 파주 B 매장입니다. 고객님. 제가 고객님을 방문드려도 되고 고객님이 매장으로 나오셔도 되고요. 좋은 프로모션으로 모시겠습니다."

이 좌식, 세게 나온다(또 남의 피 같은 돈으로!).

천 번을 흔들려도 애는 안 나온다.

"저기 너무 죄송한데요. 너무 죄송하지만 취소해주세요. 이런 말하기 좀 그런데요. 그 사람 전화 오면 받지 마시고요. 집 나간 지 오래된 사람이에요. 저 여동생이에요. 도망간 새언니랑 자꾸 헷갈려해요. 약 다 떨어졌을 텐데 여전히 왔다 갔다 하네요. 직장에서도 쫓겨난 지 꽤 되었어요. 폰도 곧 끊길 텐데…… 잠깐 정신 들어왔을 때 매장에 갔나 보다. 한마디로 동네 바보예요. 지난달에는 포르셰 파나메란가 카메란가 딜러 만나러 간다고 나가더니. 이 동네 수입차 매장에 블랙리스트 인물로 떴을 텐데. 어떡해요? 너무 죄송해요."

"아…… 그…… 래요? 이상하다. 네 알겠습니다. 다시 전화드리겠습니다."

뚜뚜—.

그렇게 아방가르드하게 둘째를 거절했다.

남편 퇴근 후, 정색하고 얼굴을 들이밀었다.

"당신, 자꾸 정신을 로그아웃하면 어떡해? 지금 우리 마통이 얼마인 줄 알아? 숨만 쉬고 갚아도 이번 생에 다 못 갚아요. 비겁하게 자꾸 내 몸을 이용해서 당신의 사리사욕을 채우는 거 용납 못한다."

그렇게 철저하게 방어한 지 결국 3일!도 아니고 세 시간 만에, 동네 B사 매장에서 미네랄 그레이에 사인하며 웃고 있는 내 모습이 차의 유리막 코팅에 반사되어 빛나고 있었다.

그 그레이가 내 안으로 들어왔다. 내 배를 딱 열 달만 눈감아주기로 했다. 남편은 아이를 가지고 싶었고 나는 저 미네랄이 풍부한 그레이를 가지고 싶었다. 그날 밤. 남편은 많이 흔들렸고, 남편과의 놀이는 '그뤠잇 II' 했다.

불공정 계약이었지만 남편은 둘째를 가졌고, 나는 두 번째 차를 가지게 되었다.

진짜 이 동네 바보 부부다.

난놈의 비애 : 금손 남편 사용법. 서민 갑부 아빠가 필요해

타고난 난놈 길들이기

"남편! 이것 좀. 남편, 애 똥 쌌나봐. 샜어, 샜어. 어떻게 해봐봐. 남편, 이거 왜 안 돼? 남편은 할 줄 알아?? 남편 어디 있어?

남편! 남편! × 10만 번."

남편은 금손이다. 굳이 나는 똥손이라는 표현을 안 해도 이미 남편이 금손이라 나머지 손은 다 똥손이 된다. 그 힘든 육아도 척척. 살림도 술술. 엄청 많은 직장 업무도 아무 말 없이 해낸다. 뭐 달인만큼 하는 것은 아니지만 운동이면 운동, 칼질이면 칼질, 악기면 악기 조금씩 다 잘한다. 심지어 글씨도 잘 쓴다. 한마디로 난놈이다. 애를 난 놈은 나인데…….

이렇게 난놈도 한 가지 아쉬운 점이 있었다. 그것은 바로 갑부가 아니라는 것. 애당초 돈 욕심이 없으니 취미 생활과 여가에 많은 시간과 돈을 쓰는 것에 아까워하지 않으며 살았었다. 하위직 공무원이 모아야 얼마나 모으겠냐고.

그런데 딸이 생기니 조바심이 생기기 시작했다. 당장 둘이 벌어 여섯 명(내가 3인분)이 써야 하는 상황이 되어버린 것이다. 남편은 한결같이 부지런하게 생활하고 있었지만 가세는 기울어갔다. 이대로 가다가는 가난한 아빠로 남을 것 같았다. 이 가난한 가정을 일으켜 세우고 싶었다.

'음. 소질을 살려야지. 음. 내가 잘하는 거…… 잘 생각해보면…… 음……. 내가 진짜 오래 잘 자고, 숨 쉬는 거 잘 쉬고, 맛있는 거 좋아하고. 음…… 할 줄 아는 게 없네. 아, 포기도 잘하네.

숨은 재능은 따로 있었으니, 바로 시키는 거(난놈만 노림)!! 유레카!

그래, 남편을 서민 갑부로 만들어주겠어. 울 남편은 개인기가 미친 실행력 아니겠어? 현명한 와이프 둔 남편 참 복도 타고났네, 타고났어!'

작업 들어간다.

"남편, 남편, 생각해봤는데 아무래도 우리 직업은 생계를 유지하기에는 흥부네박에 안 될 것 같아. 남편은 흥부처럼 애도 많이 낳고 싫어 하잖아. 나는 숨만 쉬어도 돈 벌어오는 플랫폼이 필요해. 아무도 아직 도전하지 않은 블루오션을 발견했다니깐. 아, 우린 이미 서민 갑부야—.”

꿈★은 이루어준다

20××년 1월 4일.

“올겨울 첫 한파주의보가 내려졌습니다. 오늘 밤부터 급격히 기온이 떨어져 내일 새벽에는 서울 아침 기온이 영하 18도까지 내려가겠습니다. 지금 내리는 눈은 새벽부터 점차 그치겠습니다. 낮 최고 기온도 영하 12도에 머무르겠습니다. 건강도 더 유의하셔야겠습니다. 각 가정에서는 동파 예방에도 신경 쓰셔야겠습니다.

이상 눈 내리는 광화문에서 날씨 전해드렸습니다.”

함박눈이 펑펑 내리던, 기상 관측 이래 최고의 추위라는 최강 한파주의보가 뉴스 헤드라인을 장식한 날이다.

지금은 새벽 5시.

뗄렐레레—.

뗄렐레레— 뗄렐레레—뗄렐레레—.

"아이 진짜, 이 새벽에, 엽때여? 남편? 비몽사몽?"

"여…… 기 너무 추워. DD산 정상인데 눈도 너무 많이 와서 앞이 안 보여. 아무도 없어. 전화 거는 손도 얼어버릴 것 같아. 아무도 없어. 뼛속까지 너무 추워. 새벽 3시부터 와서 기다렸는데 등산객이라고는 두 명뿐이었고 금방 내려가더라고. 너무 추워서 배터리도 금방 나갈 것 같아. 뚜뚜——."

그로부터 두 시간 뒤.

"으구, 나 얼어 죽을 뻔했다. 와, 마누라는 이렇게 따뜻한 곳에서 푹 자고 있었구나. 난 동상 걸릴 뻔했다고. 오늘이 토요일이라서 다행이지 안 그랬음 나 출근도 못했다. 등산객은커녕 개미 한 마리도 다 얼어 죽겠더라. 곤충도 다 따뜻한 자기 집으로 들어가는데 나만 거기서 국수 팔아보겠다고 새벽 3시부터 두 시간을 떨었더니 아, 몸살기 있어. 으~~ 에취!"

"아 맞다, 그랬구나. 우리 지난번 국수집 가서 내가 생각해냈었지. 남편 그래서 새벽에 산에 갔었구나. 국물이 겨울에 먹히잖아. 겨울 시장이야. 미안 미안. 응? 대신 스크린골프 두 시간!"

난놈이 웃는다. 콜!

내가 생각한 서민 갑부 아이템은 추운 겨울 산꼭대기에서 파는 3,000원짜리 국수였다. 날씨가 추워도 등산하는 등산객은 산 정상에서 뜨끈한 국물을 떠올리기 마련이다. 컵라면은 속도 부대끼고 너무 흔하다. 그래서 남편한테 내가 멸치 넣고 푹 우려낸(밤새 셀프로 우려짐) 육수를 가지고 새벽 3시쯤 올라가서 등산객에게 팔라고 제안(명령?)했다. 프랜차이즈 비용도 안 나가고 가게 세도 안 나가는 획기적인 아이디어였는데, 값도 일부러 싸게 박리다매를 노린 것인데, 아쉽네.

아님 말고.

남편, 실망하지 마.

그 후로도 나의 난놈을 활용하기 위해 끊임없이 도전하였다. 잘 살아보겠다고. 그래서 이용한 것들로 이런 것들이 있었다.

- 인사동 노전에서 돗자리 깔고 가훈 써주기(서예 수상 경력 15여 회)
- 인사동 노전에서 돗자리 깔고 도장 파주기(전각 예술가임)
- 바닷가 앞에서 부추전 굽기('겉바속촉' 부침 달인)
- 남대문 시장에서 티셔츠 시보리 제작해서 팔기(단추 기계처럼 다는 데 선수)

그러나 시도도 못한 채 시장 조사만 하다가 지쳐서 다 포기하기를 수차례.

남편은 이렇게 불만을 토로했다.

"싼 것 좀 그만하자. 넌 꼭 그렇게 내가 힘들게 해서 버는 돈을 가져야겠냐? 지금도 저 장롱에 티셔츠 만들겠다고 떼어논 흰 천 20마가 그대로 있어. 그리고 꼭 값진 경험했다고 하려고 하지? 그 값진 경험은 이제 네가 직접 해라. 쎄가 빠진다. 난 극한 직업 안 해. 나도 이제 늙었어. 그만 부려묵으라. 씸들다."

아쉽지만 이렇게 난놈은 육아 전용으로만 사용하기로 협약을 맺었고 서민 갑부의 꿈은 자연스럽게 사라졌다.

하지만 오늘도 맛집에 가면 남편이 무엇을 할 수 있을지를 먼저 생각하고 있다(양파 잘 까는데…… 마늘 다지는 거 끝내주는데…… 또 남편 잘하는 게 뭐였더라……).

〈난놈 예고편〉

남편 애 다 컸잖아. 4차 산업혁명 시대 변곡점이다.
노동력으로 돈을 버는 시대는 지났어.
남편! 자신을 브랜딩해서 수익을 창출해야 된대.
할 게 너무 많네. 유튜브 찍을 날개 조명 주문해놨다!

YouTube

육아로 힘들어하는 사람들, 모두 HERO!

"다음 사연 읽어드리겠습니다.

서울 금호동 익명의 사연입니다. 아침 일찍 일어나 아기가 응아한 기저귀 갈며 라디오 듣고 있어요. 이제 다 갈고 쉬려고 하니 우유달라고 하네요. 아기가 일찍 일어나는 덕분에 늘 잘 듣고 있어요. 싸이의 ○○○곡 신청합니다.

아, 이렇게 이른 아침에도 아가 키우는 어머니께서 사연을 보내주셨네요. 아, 아가 얼마나 예쁠까? 이럴 때 저도 장가가고 싶어요.

참, 금호동 어머니를 위해서 노래 들려드립니다. 이어서 광고 듣고 올게요."

"잠깐만, 우리 이제 한번 해봐요~ 사랑을 나! 눠! 요!"

— 57분 교통방송

"아, 청취자분께 잠시 사과 말씀 드립니다. 그렇죠, 아이 기저귀 갈면서 사연 보내시는 분이 왜 꼭 아기 엄마일 거라고 추측하냐는 문자를 많이 받았습니다. 네, 네, 제가 잘못했습니다. 성 감수성, 아니 육아 남녀평등 감수성이 조금 부족했던 것 같습니다. 암요 암요, 아기 아빠가 기저귀 갈다가 보내셨을 수도 있을 텐데 저도 모르게……."

출근하는 길 핸들을 잡고 있는 내 손과 함께 순간 웃펐다. 나도 당연히 소위 아기 엄마가 보낸 사연이라고만 생각하고 미소 짓고 있었다. 그렇게 미소 지으며 사이드미러를 보니 그곳에는 아이의 존재는 어느덧 잠시 잊고 일하러 가는 여자 직장인 사람 엄마가 나를 낯설게 쳐다보고 있다. 엄마보다는 일을 선택한 여자 당사자임에도 왜 아기를 돌보는 것은 엄마라고 뿌리 깊게 생각하고 있었을까?

출근길 달리는 차의 속도만큼이나 세상은 빠르게 변하여 엄빠 육아의 시대가 왔다. 빠엄 육아 시대이기도 하다.

나는 비록 아이의 기저귀는 능숙하게 갈지 못하지만, 여전히 아이가 왜 우는지 잘 모르지만, 내 일을 선택했고 사랑한다. 그렇다고 내 아이보다 나의 일을 더 사랑하는지는 모르겠다. 다만 내가 잘할 수 있고 잘해왔던 일에 최선을 다하고 있을 뿐이다.

출근길 운전하는 엄마 그리고 엄마를 대신해서 열심히 기저귀를 갈고 있을 아빠들에게 또는 육아로 힘들어하는 모든 그냥 사람들에게 이 노래를 신청하고 싶다.

머라이어 캐리(Mariah Carey)의 〈Hero〉♬-.

북큐레이션 • 원하는 곳에서 꿈꾸고, 가슴 뛰는 삶을 살고픈 이들을 위한 책

《육아비적성》과 함께 읽으면 좋은 책! 자신과 사랑스러운 아이의 인생 모두에 열정을 쏟는 부모가 세상에서 멋지게 살아가는 주인공이 됩니다.

아이가 달라지는 엄마의 말

도미향 지음 | 14,500원

아이의 속마음을 읽고 감정을 다스리는
최고의 코칭 대화법

두 아이를 코칭으로 키우며 18년간 부모 코칭 전문가로 활동한 저자가 부모와 아이 모두 행복해지는 소통의 방법을 제시한다. 저자가 강조하는 해법은 바로 성찰과 코칭의 대화를 실천하는 부모다. 이 책은 아이를 가르치기보다 이끌고, 아이에게 말하기보다 들으며, 간섭하기보다 자율성을 주는 올바른 부모 코칭 대화법을 사례별로 알려준다. 저자가 알려주는 대화법을 따라 하면 성공하는 자녀, 자기 삶을 주도적으로 살아가는 자녀로 키우는 데 큰 도움이 될 것이다.

슬기로운 부모 수업

구은미 지음 | 14,000원

'당신은 부모인가, 양육자인가?'
부모가 바뀌어야 아이의 인생이 달라진다!

오랫동안 부모 교육 강사로 활동하며 엄마 선생님으로 불리는 저자가 내 아이를 잘 키우고 싶은 3040 부모들에게 필요한 자녀교육법을 알려준다. 저자는 바쁘다는 이유로 아이와 같이 시간을 보내지 못했던 부모들에게 아이의 인생에 기적을 일으키는 방법은 아이와 함께 의미 있는 시간을 보내는 것이라고 말한다. 또한 아이를 부모의 틀에 맞춰 키울 것이 아니라 아이가 잘하고 즐기는 것은 무엇인지 찾아내 키워주어야 한다고 조언한다. 초등학생부터 사춘기 자녀를 둔 부모들의 양육 고민을 해결해주는 책이다.

엄마 자격증

진이주 지음 | 13,800원

공감 대화법부터 칭찬법, 문제 행동 대처법까지
현실 육아 지침 28!

'어떻게 하면 내 아이에게 더 나은 엄마가 될 수 있을까?' 육아가 서툰 초보 엄마들을 위해 내 아이를 주도적이고 자존감 높은 사람으로 키우는 법을 알려주는 책! 부모가 되는 데 자격증이 필요하다고 하면 의아해할 수 있으나 유대인들은 아이를 낳기 전 부모가 되는 공부를 한다. 부모로서 올바른 가치관, 부모의 역할이 무엇인지 미리 학습하는 것이다. 이 책은 육아가 서툰 엄마들에게 20여 년간 가족 상담 전문가로 활동해온 저자가 아이와 마음으로 대화 나누는 법, 관계를 좋게 만드는 칭찬법, 문제 행동 대처법까지 현실적인 육아 지침을 이야기한다.

어쩌다 엄마는 되었지만

김민숙 지음 | 13,800원

"엄마는 처음이지만 뭐든 잘하고 싶습니다"
똑똑한 엄마 전략으로 우리 가족 웃음꽃이 활짝

"어쩌다 엄마가 되었지만 구체적으로 어떤 엄마가 좋은 엄마인지 잘 모르겠다", "뭐든 다 잘해주고 싶지만, 무엇을 어떻게 잘해주어야 하는지 잘 모르겠다" 하고 고민을 토로하는 엄마가 많다. 엄마가 처음이니 서투른 게 당연하다. 서투른 엄마들을 위해 맘메이트 김민숙 저자가 멘토로 나섰다. 엄마가 행복해야 가정도 화목해진다. 저자는 현재 '맘메이트 연구소'를 만들어 더 많은 엄마의 멘토가 되어 소통하고 있다. 이 책은 육아하는 도 중 만나는 막막한 순간, 당황스러운 순간, 위기의 순간에 도움이 될 것이다.